SIMPLIFICA TU NEGOCIO

Donald Miller

Simplifica tu negocio.

(Business Made Simple)

60 días para dominar
el liderazgo, las ventas,
la gestión, la ejecución
el marketing,
la productividad personal
y mucho más

EMPRESA ACTIVA

Argentina – Chile – Colombia – España
Estados Unidos – México – Perú – Uruguay

Título original: *Business Made Simple*
Editor original: HaperCollins Leadership
Traductor: Paula Costa Ruster

1.ª edición Febrero 2022

ISBN: 978-84-16997-54-1
E-ISBN: 978-84-18480-99-7
Depósito legal: B-15-2022

Fotocomposición: Ediciones Urano, S.A.U.
Impreso por Romanyà Valls, S.A. – Verdaguer, 1 – 08786 Capellades (Barcelona)

Impreso en España – *Printed in Spain*

En memoria de Brian Hampton,
que fue mi editor durante quince años.
Me enseñó sobre libros y negocios,
pero por encima de todo sobre
la bondad y el carácter.
Se te echa de menos.

Para aprovechar al máximo este libro:

1. Lee un capítulo al día durante los próximos sesenta días (excluyendo los fines de semana).
2. Si puedes, utiliza los recursos de www.businesmadesimple.com
3. Practica lo que has aprendido en tu propia empresa o en la empresa en la que trabajas para convertirte en un profesional valioso.

Un profesional valioso

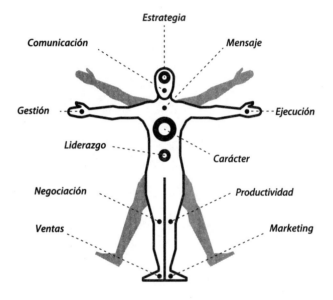

Una sólida formación empresarial no debería costar decenas de miles de dólares y debería centrarse en la enseñanza de habilidades prácticas que se traduzcan en éxito empresarial. Este libro está diseñado para ayudarte a ti y a tu equipo a convertiros en profesionales valiosos. Los profesionales que aportan valor consiguen hacer más cosas en menos tiempo, crean menos estrés y más claridad, y ganan más para sí mismos y para aquellos a los que representan.

Un equipo lleno de profesionales valiosos es imparable.

«No debemos confiar en las masas que dicen
que solo los que son libres pueden ser educados,
sino en los amantes de la sabiduría que dicen
que solo los educados pueden ser libres».

EPICTETO, *DISCURSOS*, 2.1.21-23A

Índice

INTRODUCCIÓN

Dos candidatos optan a un ascenso. El nuevo trabajo es un puesto de liderazgo que requerirá una amplia gama de habilidades.

El candidato uno tiene un título universitario de un centro prestigioso, adora a la gente, ha demostrado una fuerte ética de trabajo y está dedicado a la empresa.

Cuando se les pregunta con qué pueden contribuir, los candidatos dicen que van a aportar pasión, una buena actitud y la voluntad de trabajar en equipo.

El candidato dos ya ha leído este libro y ha visto los vídeos que lo acompañan. No solo eso, sino que ha profundizado en el material y ha perfeccionado sus habilidades en su puesto anterior.

Aunque no tenga un título de una universidad prestigiosa, sabe ofrecer un valor tangible a cualquier empresa.

Cuando se le pregunta al candidato dos qué aportará a la empresa, dice que contribuirá con un conjunto de rasgos de personalidad fundamentales que han demostrado predecir el éxito. También aportará un conjunto de diez competencias básicas que harán que la empresa gane o ahorre dinero inmediatamente. Enumerando los rasgos, explica que:

1. **Sabe cómo funciona realmente una empresa.** No es ingenuo en cuanto a la importancia de la relación actividad-

producción y la importancia de un flujo de caja positivo en cada división.

2. **Es un líder claro y convincente.** Puede adaptar e inspirar a un equipo y guiarlo a través de un proceso en el que crearán una declaración de misión y unos principios rectores.

3. **Es personalmente productivo.** Domina un sistema específico que pone en práctica cada día para poder hacer más en menos tiempo.

4. **Sabe cómo aclarar un mensaje.** Es capaz de guiar a un equipo a través de un marco en el que pueden crear un mensaje claro que promueve cualquier producto o visión para que los clientes y las partes interesadas se comprometan.

5. **Sabe cómo construir una campaña de marketing.** Puede crear un embudo de ventas que convierta a los clientes interesados en compradores.

6. **Sabe vender.** Domina un marco en el que presenta productos a clientes potenciales cualificados y les consulta hasta que se firma un contrato valioso.

7. **Es un gran comunicador.** Puede pronunciar un discurso que informa e inspira a un equipo, lo que se traduce en una acción clara que afecta positivamente a los resultados.

8. **Es buen negociador.** No confía en su instinto cuando negocia. Más bien, sigue una serie de procedimientos sencillos que les guía hacia el mejor resultado posible.

9. **Es buen gestor.** Sabe crear un proceso de producción que se mide a través de indicadores clave de rendimiento que garantizan la eficiencia y la rentabilidad.

10. **Sabe cómo dirigir un sistema de ejecución.** Domina un marco que garantiza que un equipo de gran potencia haga las cosas bien.

Dos candidatos han respondido a la misma pregunta, pero ¿qué candidato destaca?

El candidato dos va a conseguir el ascenso. Y poco después, recibirá un aumento. Y no mucho más tarde, va a conseguir otro ascenso y otro aumento. ¿Por qué? Porque tiene habilidades tangibles que ahorran frustraciones a sus equipos y les hace ganar dinero a ellos mismos y a la empresa. En resumen, es una excelente inversión.

Tanto si trabajas por tu cuenta como si trabajas para una empresa, dar a tus clientes o a tu jefe un increíble rendimiento de su inversión es la clave para construir tu riqueza personal. Cada uno de los miembros del equipo de mi empresa es una excelente inversión; de lo contrario, nunca habrían sido contratados. Y aunque soy el dueño de la compañía, también tengo que ser un profesional valioso. Si mis productos y yo no somos una buena inversión económica, mi carrera y mi empresa están condenadas. Cada uno de nosotros tiene que levantarse por la mañana y devolver a la gente el tiempo, la energía y el dinero que nos confían.

Este es el secreto del éxito. Si quieres triunfar en el trabajo, en el amor, en la amistad y en la vida, dale a la gente que te rodea un gran rendimiento por lo que sea que inviertan en ti.

En un entorno competitivo, todas las empresas buscan un miembro del equipo que sea una buena inversión económica.

Este libro está diseñado para transformarte en un profesional del más alto valor económico.

Lamentablemente, pocos de los marcos revolucionarios que te presentamos en este libro son habilidades que hayas aprendido en la universidad.

En lugar de estudiar una campaña publicitaria destinada a vender pasta de dientes a las familias de los suburbios en la década de 1970, ¿qué pasaría si aprendieras a gestionar un equipo, lanzar un producto, comercializarlo y venderlo, y luego revisar todo el proceso para que sea más eficiente?

¿Cuánto más valioso serías en el mercado abierto si realmente supieras cómo ganar mucho dinero para una empresa?

Como muchos de nosotros no tenemos una formación práctica, de la vida real, en el mundo de los negocios, nos preguntamos en secreto si tenemos lo que hay que tener para hacer el trabajo y nos preocupa que cualquier día nos descubran que somos un fraude.

No solo eso, sino que volver a estudiar es demasiado caro y requiere mucho tiempo. Y, si vuelves a estudiar, ¿vas a aprender algo útil o vas a estudiar más anuncios de pasta de dientes?

La verdad es que si dominas las lecciones que se presentan en este libro (las diez características y las diez competencias básicas de un profesional valioso) aumentará drásticamente tu valor personal en el mercado abierto. También te convertirás en un experto en tu trabajo.

Nadie te ganará.

Cuando nos fuimos a la universidad, no sabíamos que las fiestas nocturnas, las multitudes que rugían en los partidos de fútbol, las horas de ping-pong, las conferencias sobre las tendencias mundiales del mercado en las que nos dormíamos y los grupos de estudio en los que tratábamos de predecir las preguntas del examen no nos iban a hacer más valiosos en el mercado abierto.

Este libro lo hará.

Esto es *Simplifica tu negocio* (Business Made Simple).

¿Cuál es tu valor real como profesional en activo? ¿Tienes los rasgos de personalidad y las habilidades de una persona que puede ofrecer un inmenso valor a una organización? Utiliza este libro para transformar tu valor económico.

Simplifica
tu negocio

Un profesional valioso

* Aumenta tu valor económico personal dominando cada competencia básica.

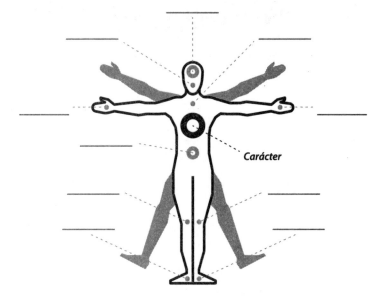

Carácter

CAPÍTULO UNO

INICIO RÁPIDO DE DOS SEMANAS

Las diez características de un profesional valioso

INTRODUCCIÓN

Ninguna competencia básica puede vencer al mal carácter.

Si no tenemos un buen talante, vamos a fracasar en los negocios y en la vida. Y nunca nos convertiremos en profesionales valiosos.

Al final, aunque podamos hacer que una empresa gane dinero, es probable que le hagamos perder todo lo que le hemos hecho ganar si nos falta un buen carácter. Por eso, vamos a empezar con una inmersión de dos semanas en los rasgos de personalidad que necesitamos para añadir valor a los clientes y las personas con las que trabajamos.

Entonces, ¿cuáles son las características necesarias para convertirse en profesionales que aporten valor?

Más allá de la integridad y de una fuerte ética de trabajo, ¿en qué se diferencian las personas de éxito de las que no lo son? ¿Qué es lo que cree una persona de gran valor económico en el trabajo que no cree una persona de menor valor económico?

Al final, una persona que sobresale de entre el total de trabajadores realmente tiene una percepción de sí misma distinta a la que tiene el resto de los profesionales. Y como se ven a ellos mismos de forma diferente, actúan de forma diferente.

Como escritor, he tenido el placer de hablar con personas que ofrecen un valor inmenso al mundo. Algunas de estas personas son muy conocidas, y hay algunas otras de las que seguramente nunca hayas oído hablar. Pero cada una de ellas destaca en su trabajo. He podido sentarme con jefes de Estado, entrenadores profesionales, atletas consumados, inventores y héroes de la justicia social. Y lo que noté en cada uno de ellos es que habían aceptado el hecho de que para añadir valor adondequiera que fueran, tendrían que encarnar un conjunto de rasgos de personalidad poco comunes.

Lo que sigue en los próximos diez días son las características que tienen en común los profesionales valiosos.

Y los rasgos de personalidad de los que hablo te sorprenderán.

Esta no es la misma lista que has leído antes, una lista que comienza con ser diligente y trabajar duro. Cuando se trata de tener éxito, esas características son importantes, pero estas lo son aún más.

Por ejemplo, todas las personas de éxito que entrevisté se veían a sí mismas como un producto económico en el mercado abierto. Cada uno de ellos tenía una fuerte tendencia a la acción. Ninguno de ellos tenía problemas a la hora de aceptar el conflicto, especialmente cuando se trataba de cuestiones de injusticia o desigualdad. Cada uno prefiere ser respetado a ser querido. Y había muchas más similitudes.

Yo llamo a estas *las diez características de un profesional valioso.*

Quién eres como persona es la base sobre la que construirás las habilidades que se traducirán en un valor tangible en el libre mercado.

Lo mejor de las diez características de un profesional que vale es que pueden aprenderse. Basta con leerlas y empezarás a cambiar tu forma de verte a ti mismo y al mundo.

Lee cada entrada diaria. Los primeros diez días de este libro te sorprenderán, te informarán y te inspirarán.

PRIMER DÍA
Carácter – Verse a uno mismo como un producto económico en el libre mercado

Los profesionales valiosos se ven a sí mismos como un producto económico en el mercado abierto.

¿Cómo se ven a sí mismas las personas de éxito? Se ven como un producto económico en el mercado libre y, como se ha mencionado en la introducción, están obsesionadas con conseguir que la gente obtenga un fuerte rendimiento de la inversión realizada en ellas. Sé que suena utilitario decir que debes verte a ti mismo como un producto económico, pero este simple paradigma es clave para ganar en el trabajo.

Por supuesto, no estoy hablando de tu valor intrínseco como ser humano. Hablo de tu valor en el ecosistema que es la economía moderna.

Esta es la verdad. Las personas obsesionadas con ser una buena inversión atraen más inversiones y consiguen disfrutar de un mayor valor económico personal. Cuando ofreces un valor superior dentro del ecosistema económico, te pagan más, te dan más responsabilidades y promociones, y te buscan los clientes a los que les interesa el valor. Del mismo modo, los que se resisten a la idea de que son un producto económico en el libre mercado no atraen la inversión económica y, por lo tanto, no llegan a disfrutar de los beneficios que conlleva ofrecer a la gente un gran retorno de su inversión.

La mayoría de las personas, si no todas, a las que respetas dan un increíble retorno de su inversión. Amamos a los deportistas que dan lo mejor de sí mismos y pagamos más por verlos competir. Adoramos a las actrices y actores que nos hacen reír o llorar y pagamos más por verlos actuar. Y nos encantan las empresas que nos venden productos que resuelven cualquier problema que les planteemos.

Al igual que uno de estos grandes artistas, tú puedes convertirte en una excelente inversión.

Cuando entras en una sala, ¿la gente sabe instintivamente que puede apostar por ti?

¿Cómo triunfamos en la vida y en los negocios? Demostrando que somos inversiones dignas.

En el trabajo, puede que le gustes mucho a tu jefe (o a tus clientes), pero en gran parte te ven como una inversión económica. Y eso no tiene nada de malo. Algunos dirían incluso que, vista así, es una relación honesta. Al fin y al cabo, tus amigos no te pagan por estar cerca de ellos; tus clientes y compañeros de equipo sí.

Un trabajador ideal para cualquier empleador es un miembro del equipo que intenta activamente que su jefe obtenga un rendimiento cinco veces mayor de su inversión. Sé que parece una locura, pero después del coste de los gastos generales y auxiliares, un rendimiento cinco veces mayor de un miembro del equipo suele traducirse en que la empresa obtiene beneficios. Esto significa que si nos pagan 50.000 dólares de salario, deberíamos intentar que la empresa para la que trabajamos gane al menos 250.000 dólares para que pueda mantenerse sana y crecer.

A medida que maduremos en nuestras carreras y sigamos ofreciendo valor, una buena empresa nos ascenderá y nos pagará más para que podamos seguir ofreciendo un múltiplo de su inversión.

Un empresario o miembro del equipo inteligente siempre buscará la forma de hacer que los clientes o la empresa en la que trabajan ganen más y más dinero para poder seguir valiendo un porcentaje de un número cada vez mayor.

Esto no solo es cierto para los miembros del equipo. Es cierto para mí como escritor y propietario de un negocio. La única manera de tener éxito es si hago que otras personas ganen mucho dinero. La verdad es que solo me quedo con un pequeño porcentaje de esas ganancias.

Entonces, ¿cómo podemos llegar a tener un éxito absurdo? Haciendo que otras personas tengan un éxito igual de absurdo.

La cruda realidad es que cualquier miembro del equipo que no obtenga al menos cinco veces el rendimiento de la inversión realizada en él es un riesgo financiero. Esto significa que cuando te eligen para ocupar un puesto en una empresa, tu jefe está apostando literalmente su propia carrera y su sustento en tu rendimiento.

La clave para avanzar es convertirse en el mejor inversor posible. Si gestionas una cartera de acciones y una de ellas supera sistemáticamente a las demás, invertirás más dinero en esa acción. Lo mismo ocurre cuando se elige a qué miembros del equipo se va a promocionar. Los líderes destinarán más recursos a aquellos que les proporcionen el mayor rendimiento de su inversión.

En su libro *High Output Management*, Andrew Grove, antiguo director general de Intel, decía: «Como regla general, hay que aceptar que, independientemente del lugar en el que se trabaje, no se es un empleado, sino que se está en una empresa con un solo empleado: uno mismo. Estás compitiendo con millones de empresas similares. Hay millones de personas en todo el mundo, acelerando el ritmo, capaces de hacer el mismo trabajo que tú puedes hacer y quizás con más ganas de las que tú tienes».

¿Puedes articular tu valor económico para la organización para la que trabajas? Si estás en el servicio de atención al cliente, ¿eres capaz de calcular cuántas ventas ahorras, cuánta mala reputación ayudas a evitar que genere la empresa? ¿Crees que la compañía gana el quíntuple de tu salario porque te presentas en la oficina cada día? Si es así, vas a tener éxito. Todo el mundo persigue una buena inversión y se desprende de las malas. Considéralo una ley natural.

Si eres dueño de una empresa, ¿eres capaz de articular cómo tus clientes obtienen un retorno de su inversión financiera en ti? ¿Dura más la pintura que vendes? ¿Ahorrará tiempo a tus clientes y les hará sentirse orgullosos de su casa el jardín que les estás podando?

Si eres una inversión que obtiene rendimiento, atraerás negocios, responsabilidades, ascensos y una mayor compensación. Los líderes empresariales de éxito llevan sus propias vidas de manera que son excelentes inversiones financieras. Tú debes conducir tu vida también de la misma forma.

¿Te preguntas cómo hacerlo? El resto de este libro te proporcionará habilidades y marcos de referencia prácticos que aumentarán drásticamente tu valor en el libre mercado. Sigue leyendo y sigue viendo los vídeos diarios.

> **Este es el consejo del día de *Simplifica tu negocio***
>
> Los profesionales valiosos se ven a sí mismos como un producto económico en el mercado abierto y están obsesionados con dar a la gente un gran rendimiento de su inversión.

DÍA DOS

Carácter – Percíbete a ti mismo como un héroe, no una víctima

Un profesional que vale se ve a sí mismo como un héroe, no como una víctima. Si me pidieran que predijera si alguien tendrá éxito en la vida, podría hacerlo haciendo una pregunta sobre él o ella:

¿Con qué frecuencia se posicionan como víctimas?

¿Qué quiero decir con víctima? Me refiero a: ¿Con qué frecuencia hablan de sí mismos como si no tuvieran el control de su vida o de su futuro? ¿Creen que el destino les ha dado mala suerte?

¿Creen acaso que otras personas son responsables de sus fracasos? ¿Creen que el mercado, el clima o los astros conspiran contra ellos para impedirles triunfar?

Si es así, no tendrán éxito.

La triste verdad es que muchas personas son realmente víctimas. Al fin y al cabo, tienen opresores. Pero la diferencia entre ser una víctima y un héroe es que la primera permanece en el suelo mientras que un héroe se levanta y triunfa contra todos los desafíos y opresores.

Personalmente, crecí en la pobreza. Pasé los primeros años de mi infancia en viviendas del gobierno. Nuestra familia hacía cola para recibir el queso que repartía el gobierno en su programa de beneficencia social. Sin duda, hubo factores económicos que dificultaron la vida de nuestra familia. Mi padre nos abandonó cuando mi hermana y yo éramos niños y no volvió a hablarnos, y mi madre tuvo que trabajar muchas horas para mantenernos vivos y alimentados. No fue hasta sus últimos años como profesional que llegó a tener un salario digno.

Pero cuando nos hicimos mayores (y confieso que luché contra la mentalidad de víctima y una actitud de derrotismo), mi madre hizo algo increíble. A finales de los cincuenta, volvió a estudiar y obtuvo su licenciatura y su máster, para luego jubilarse. ¿Por qué? Porque quería que sus hijos supieran que podían conseguir cualquier cosa. Ella no quería que mi hermana y yo creyéramos que veníamos de un legado de víctimas.

La realidad es que yo (como hombre blanco) experimenté un gran privilegio en este mundo a pesar de haber crecido pobre. Nadie temió nunca el color de mi piel, y se me abrieron puertas que no se abren para otros. Y, sin embargo, no fue fácil. Pero todos nosotros, como mi madre, podemos pasar de vernos como víctimas a vernos como héroes trabajadores con una meta a la que aspirar.

Nunca, jamás, dejes que nadie te desanime y te obligue a seguir siendo una víctima. Si te ves a ti mismo como una, la gente se compadecerá de ti o se sentirá bien mientras intenta rescatarte, pero tú mismo desempeñarás un papel muy pequeño en esa historia.

Sin embargo, lucha por tu derecho a triunfar en este mundo y millones lucharán contigo. A la gente le encanta unirse a un héroe con una meta. Si observas a las personas con éxito, te darás cuenta de que la mayoría de ellas tienen una fuerte aversión a verse como víctimas. Y eso es bueno.

En las historias, la víctima es un papel secundario. Esta existe en la historia para hacer que el villano parezca malo y el héroe parezca bueno. Eso es todo. No crecen, no cambian, no se transforman ni reciben ningún tipo de reconocimiento al final del cuento. Y esa es una de las muchas razones por las que nunca quieres tomar el papel de víctima.

Cuando uso esa palabra en este contexto, realmente quiero decir «víctima» entre comillas, porque muchos de nosotros nos encontramos jugando a ser mártires aunque no lo seamos en absoluto.

Una víctima es un personaje que no tiene escapatoria. Realmente necesitan ser rescatados o, de lo contrario, van a sufrir algún tipo de daño. Pero tú y yo a menudo tenemos una salida. Tendemos a ponernos en modo mártir cuando algo se pone difícil. O cuando buscamos algo de simpatía. O cuando no queremos asumir la responsabilidad de nuestros actos.

Victimizarnos suele significar que culpamos a la situación de nuestras deficiencias en lugar de a nosotros mismos. Si no nos esforzamos todo lo necesario para lograr algo, podemos culpar a nuestras herramientas, a nuestros compañeros de trabajo o al corto plazo. Pero la verdad es que podríamos haberlo hecho si hubiéramos trabajado un poco más.

Hacerse el mártir puede ser tentador. A menudo se libra de culpa a las víctimas porque, al fin y al cabo, están indefensas. Además, también atraen recursos y quizás incluso un salvador que haga el trabajo por ellas.

El problema de victimizarse es que solo funciona una vez. La gente se cansa de estar cerca de las «falsas víctimas» porque cuando estás cerca de una de ellas, acabas teniendo que hacer siempre su trabajo. Al final, una falsa víctima es resentida por robar recursos y ayuda a las víctimas reales.

Los profesionales competentes pueden enfrentarse a cualquier tipo de desafío (incluso a los injustos) y aun así encontrar la manera de ganar. Todos nosotros, de vez en cuando, somos tratados de forma injusta, pero son los héroes los que superan a sus opresores para cumplir su importante meta.

Al final de la película, la víctima es llevada en una ambulancia, pero el héroe, ensangrentado y apaleado tras haber luchado contra su opresor, recibe una recompensa.

En la vida, el papel de víctima (y todos somos verdaderas víctimas a veces en nuestra vida) es temporal. ¿Qué hacemos cuando lo somos de verdad? Pedimos ayuda. Entonces reunimos la fuerza necesaria para volver a transformarnos en héroes.

Te darás cuenta de que las personas más influyentes y con más éxito en la vida aprenden rápidamente de sus errores, están deseosas de demostrar su valía sin pedir caridad y asumen rápidamente la responsabilidad de sus defectos, con la esperanza de demostrar su valía la próxima vez que tengan una oportunidad.

Las víctimas no lideran la carga en la lucha. Ellas no rescatan a otros. No ganan fuerza y vencen a su captor. Solo los héroes hacen estas cosas.

Solo tú puedes decidir si eres una víctima o un héroe. No es una identidad que yo o cualquier otra persona pueda asignarte. Se trata de cómo te ves a ti mismo.

Te pido que elijas no verte como una víctima. Eso acabará con tu desarrollo personal. Es cierto que algunas personas tienen que lidiar con más adversidades que otras, pero cuanto más superes, mayor será tu heroica historia.

Si tienes un reto y estás tentado de verte como un mártir, recuerda esto: aquellos que viajan más lejos serán los que llegarán con más fuerza. Sigue peleando. No te rindas.

Confieso que la lucha por no verme como una víctima es una batalla constante. De hecho, la mentalidad de mártir es a menudo mi reacción instintiva. Ya sea al aceptar la crítica constructiva de un amigo o que un troll me vacile en Internet, tengo que recordarme que no soy una víctima, que las hay de verdad en este mundo y que necesitan ayuda. Soy un héroe que intenta aprender y mejorar porque, como tú, quiero transformar el mundo. Quiero que todos los seres humanos tengan una educación empresarial que los transforme en profesionales de valor.

Lo que debo hacer frente a los desafíos, entonces, es curar mis heridas y continuar con la lucha.

Tú también debes hacerlo. Tu misión es demasiado importante como para sufrir el destino de las víctimas.

Hazte el héroe.

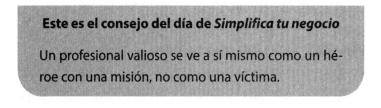

Este es el consejo del día de *Simplifica tu negocio*

Un profesional valioso se ve a sí mismo como un héroe con una misión, no como una víctima.

DÍA TRES
Carácter – Saber reducir la intensidad del drama

Un profesional valioso sabe cómo reducir la escala del drama.

Hay algo que notarás en los grandes líderes: saben cómo lidiar con el drama sin que este se les salga de las manos.

Cuanto mejor sepas mantener la calma y ayudar a los demás a no perderla, más respetado serás y más te elegirán para ascender.

El drama innecesario suele darse cuando una persona intenta llamar la atención sobre sí misma. El dramatismo es la forma en que algunas personas cumplen con sus objetivos. Si no quieres que la gente te critique, por ejemplo, reacciona de forma exagerada a las críticas comportándote como alguien dramático y te asegurarás de que la gente no vuelva a criticarte. O, al menos, no lo harán delante de ti.

Ser dramático, lamentablemente, significará que te critican todo el día a tus espaldas.

Una persona así absorbe la energía de la sala y la concentra en sí misma. Esto es perfectamente apropiado para un actor en un escenario, pero en la vida real, y especialmente en un entorno empresarial, acabará con tu carrera.

Todas las personas tienen una determinada cantidad de energía para gastar cada día. Con esa energía satisfacen sus propias necesidades, las de sus compañeros de trabajo y las de las personas que les importan. Sin embargo, las personas dramáticas te roban la energía, de modo que no te queda nada para cuidar de ti mismo o de los demás.

Por esta razón, esta clase de personas pueden resultar desagradables, y la mayoría de la gente trata de mantenerse alejada de ellas.

Entonces, ¿cómo convertirse en alguien que reduce la tensión en lugar de crearla?

La clave es cerrar la brecha del drama.

Si calificas una situación en una escala del 1 al 10 en cuanto al dramatismo que merece, la clave para ser una persona equilibrada es cumplir con ese nivel o reaccionar por debajo de dicho valor en la escala.

Si alguien se conecta a tu ordenador para consultar su correo electrónico personal y se olvida de cerrar la sesión y tú respondes lanzando el ordenador al otro lado de la habitación, has abierto demasiado la brecha del drama. Has reaccionado de forma exagerada.

Esta es la idea general:

Respetamos a las personas que reaccionan un poco por debajo, no por encima, del nivel de dramatismo que merece una situación. Confiamos en las personas que saben mantener la calma y reducir la intensidad del drama, de modo que no se desperdicia la energía crucial necesaria para afrontar una situación verdaderamente importante. Neil Armstrong, el primer hombre que pisó la Luna, se ganó la reputación de ser imperturbable en cualquier situación. No importaba el caos que se produjera a su alrededor, podía aterrizar el avión y, más tarde, sería capaz de ayudar a aterrizar un módulo en la Luna. Cuando se te encarga algo monumental, ser una persona dramática no servirá a tus intereses.

Entonces, ¿cómo reducir la intensidad del drama?

Una pregunta crucial que hay que hacerse durante una situación dramática es la siguiente: ¿Cómo manejaría esta situación una persona tranquila y calculadora?

Te sorprenderá lo clara que se vuelve una reacción adecuada cuando te alejas emocionalmente de la situación y respondes como si estuvieras escribiendo el guion en lugar de vivir dentro del mismo.

Un amigo me contó una vez que estaba discutiendo con su mujer, y cuando salió de sí mismo para ver la escena como si fuera una película, se dio cuenta de que estaba siendo un imbécil dramático. En lugar de aumentar la tensión, le confesó a su mujer que se sentía un poco avergonzado por cómo estaba actuando, le pidió unos minutos y luego volvió y se disculpó.

Después de hacer las paces, se sorprendió al ver que ella le respetaba mucho más porque había sido capaz de reducir la intensidad del drama en lugar de luchar hasta ganar la discusión.

La verdad es que ninguno de nosotros tiene que ser esclavo de nuestras emociones.

Nuestras emociones no tienen por qué convertirse en acciones.

Con el tiempo, una persona que se mantiene fría bajo presión y que no intensifica el drama se ganará el respeto de los demás y será elegida para liderar.

> **Este es el consejo del día de *Simplifica tu negocio***
>
> Un profesional valioso reduce la intensidad del drama.

DÍA CUATRO
Carácter – Acepta las críticas como un regalo

Un profesional de valor sabe que el *feedback* es un regalo.

Cuando nacimos, la gente se reunió a nuestro alrededor con asombro. Todos querían abrazarnos, alabarnos y celebrar nuestra existencia. ¿Por qué? Porque no hay nada que merezca más amor sin condiciones que un recién nacido.

Sin embargo, a medida que crecemos, se espera más de nosotros. Se nos enseña lo que es prudente y lo que es peligroso, lo que es apropiado e inapropiado, y más tarde lo que es moral e inmoral.

Lo que identifica a un adulto competente es su capacidad para aceptar las críticas. Lo que distingue a un niño es su expectativa de alabanzas sin mérito.

A los niños se les elogia por el simple hecho de existir, mientras que de los adultos se espera que aprendan, mejoren y den algo a cambio.

Aunque a menudo puede ser difícil aceptar las críticas, especialmente si no son solicitadas, la capacidad de hacerlo es un signo de madurez y te dará una ventaja competitiva en el mercado.

Aquellos que pueden aceptar los comentarios de mentores y amigos de confianza son capaces de mejorar sus habilidades sociales y profesionales.

Muchas de las personas con más éxito del mundo han establecido una rutina mediante la cual reciben *feedback* de sus compañeros.

Tú también puedes establecer una rutina en la que recibas comentarios sobre tu rendimiento profesional. ¿Podrías hacer mejor tu trabajo? ¿Podrías acelerar el cumplimiento de los plazos? ¿Hay técnicas que no conoces y que te harían más productivo o eficiente? ¿Molestas a las personas que te rodean con un comportamiento poco profesional?

En mi empresa, todos los miembros del equipo tienen una reunión semanal con su jefe y una revisión trimestral del rendimiento. En estas reuniones honestas, se hacen críticas para que la productividad del individuo pueda mejorar. Luego, al final del año, se entrega un paquete de compensación basado en ese rendimiento. Por lo tanto, la respuesta al *feedback* está directamente asociada a su valor económico personal.

Si la empresa en la que trabajas no tiene un sistema de ejecución en el que recibas críticas constructivas, fija en tu calendario una reunión trimestral con un mentor o amigo que trabaje junto a ti en algún puesto. Pídeles que te den su opinión. Pregúntales constantemente en qué puedes mejorar.

Para establecer un bucle de retroalimentación en tu vida, ten en cuenta estas ideas:

1. Elige a personas que se preocupen por tus intereses.
2. Programa las reuniones para crear una rutina repetitiva: cada trimestre o cada mes.
3. Establece una serie de preguntas rutinarias:

¿Me has visto actuar de forma poco profesional?

¿Has notado que me falta algo?

¿Qué estoy haciendo que pueda mejorar?

Las observaciones sinceras de tus amigos de confianza son los nutrientes que te ayudarán a desarrollar tus músculos profesionales.

Después de que ofrezcan su opinión, pregúntales si se han dejado algo en el tintero. Tal vez haya alguna cosa que se te haya escapado por completo pero que necesites saber para mejorar.

Agradéceles sus comentarios y aplica lo que te han dicho a tu trabajo. Las críticas no tienen sentido si no se utilizan para ayudarnos a cambiar y actuar.

Aceptar y metabolizar el *feedback* puede ser tu arma secreta para convertirte en un profesional poderoso y competente. Muy pocas personas tienen la capacidad de escuchar y aceptar los comentarios críticos. Si lo haces, crecerás personal y profesionalmente de un modo que nunca habías imaginado.

> **Este es el consejo del día de *Simplifica tu negocio***
>
> Los profesionales valiosos establecen una rutina en la que puedan recibir críticas constructivas de personas en las que confían. A continuación, utilizan ese *feedback* para crecer en su carrera.

DÍA CINCO
Carácter – Conoce la forma correcta de participar en conflictos

Un profesional valioso sabe cuál es la forma adecuada de hacer frente a un conflicto.

Las personas que evitan las disputas rara vez son elegidas para liderar.

¿Por qué? Porque todo progreso humano pasa por el conflicto. No se puede escalar una montaña, construir un puente, crear una comunidad o hacer crecer un negocio sin encontrarse con problemas y saber navegar por ellos.

La ambición positiva siempre encontrará resistencia.

El principal trabajo de un directivo es sortear los problemas. Tanto si se trata de hablar con un cliente insatisfecho como de despedir a un empleado de bajo rendimiento, informar de datos poco favorables o enfrentarse a un competidor, el conflicto y el éxito van de la mano.

Si evitas el conflicto, no alcanzarás el éxito.

Entonces, ¿cómo podemos manejar las disputas de manera que nos beneficiemos a nosotros mismos y a todos los que nos rodean?

Entender estas cuatro tácticas ayudará a cualquiera a navegar por los conflictos para tener éxito en sus carreras.

1. **Esperar el conflicto.** Las disputas son un subproducto natural de la colaboración. Cuando las personas trabajan juntas, ya sea en una empresa o en una sociedad, habrá tensiones para decidir cómo avanzar. El conflicto no es malo; es simplemente un producto derivado del progreso.

2. **Controla tus emociones.** Los conflictos se descontrolan cuando se vuelven emocionales. Cuando sientes desprecio y rabia por la persona con la que te enfrentas, has desactivado la parte racional y sensata de tu cerebro y es más probable que el drama aumente. Intenta mantener la calma y la capacidad de razonar cuando te enfrentes a un problema.

3. **Afirma a la persona a la que te enfrentas.** Cuando las personas tienen una confrontación, a menudo se sienten amenazadas a nivel identitario. Asegúrate de hacer declaraciones que afirmen y respeten al otro, incluso mientras te opones a él o ella.

4. **Entiende que puedes estar equivocado.** Los conflictos aumentan cuando los individuos consideran que sus propias ideas son muy preciadas. Recuerda siempre que el objetivo del conflicto es el progreso, no demos-

trar que se tiene la razón. Ponte el objetivo de avanzar en una dirección positiva colaborando con la persona con la que hablas para beneficiarla a ella y a su carrera.

Un profesional valioso ama el conflicto sano de la misma manera que un atleta profesional ama el dolor de una buena sesión de entrenamiento. Progresamos a través de las disputas y la tensión sanas.

Gestiona bien los problemas y se te darán más y más responsabilidades.

> **Este es el consejo del día de *Simplifica tu negocio***
>
> Un profesional valioso sabe cómo gestionar el conflicto.

DÍA SEIS
Carácter – Busca ser de confianza y respetado más que ser querido

Un profesional valioso quiere que se confíe en él y se le respete más de lo que quiere caer bien.

¿Qué desean realmente de un líder los miembros del equipo?

Los líderes aficionados están más preocupados por conseguir gustar a su equipo que por conseguir que estos les respeten. Pero la amistad no es lo que más quieren de sus líderes los miembros del equipo. Lo que más quieren es claridad.

Un entrenador de baloncesto que quiere caer bien más de lo que quiere ser respetado construirá un equipo que pierde partido tras partido. Ciertamente, todo el mundo quiere ser tratado con amabilidad y respeto, pero un líder amable y respetuoso que no establece expectativas claras y entrena a su equipo hacia la victoria va a frustrar a sus jugadores a largo plazo. Y esa frustración le costará el respeto a ese líder.

Muchos directivos nuevos se sienten confundidos al ver cómo cambian las relaciones con sus compañeros cuando son elegidos para dirigir. Las personas que antes eran amigas dejan de confiar en ellos. Las risas y las bromas suelen cesar cuando entran en una habitación, y empieza a crecer una ligera distancia entre ellos y los compañeros que forman parte de sus equipos.

Esta dinámica es natural.

Este distanciamiento no se produce porque el equipo haya dejado de querer al líder. De hecho, estos suelen respetar más a su amigo que antes. El distanciamiento se produce porque, de repente, la desaprobación de su antiguo colega podría costarles el puesto.

A medida que crezcas en tu carrera, trata de no tomarte muy a pecho tu nueva condición. En lugar de intentar caer bien (lo cual será tentador), gánate el respeto de los miembros de tu equipo.

He aquí tres cosas que todo el mundo respeta en un líder:

1. **Expectativas claras.** Un líder valioso se centra en el panorama general y hace saber a sus subalternos hacia dónde se dirige la empresa o la división. ¿Cuál es

el objetivo del equipo en su conjunto? Cuando se le pregunta a un empleado lo que su jefe espera de él, este debe saberlo; de lo contrario, no está siendo bien dirigido.

2. **Responsabilidad.** ¿Es Amy la encargada de entregar los informes de inventario cada mes? ¿Se espera que Brad haga quince llamadas de ventas al día? Hazles saber y mantenlos al tanto en una reunión diaria.

3. **Recompensar el buen rendimiento.** Una vez que expliques el panorama general y establezcas expectativas individuales claras, querrás afirmar que el equipo está haciendo un buen trabajo y ponerles desafíos y apoyarlos para cerrar las brechas de su rendimiento. No hagas que tu equipo tenga que leerte la mente. Aunque cumplan claramente con tus expectativas, no se lo creerán hasta que se lo digas.

El equipo prospera cuando se establecen expectativas claras, se ofrece la posibilidad de rendir cuentas sobre dichas expectativas y se recompensa el buen rendimiento. Dedica menos tiempo a intentar caer bien y más a dar a tu equipo expectativas claras y te ganarás su respeto.

Este es el consejo del día de *Simplifica tu negocio*

Un profesional valioso se gana el respeto de su equipo estableciendo expectativas claras, rindiendo cuentas y recompensando los buenos resultados.

DÍA SIETE
Carácter – Inclínate por la acción

Un profesional valioso tiene tendencia a tomar acción.

Nunca he conocido a dos personas de éxito que sean iguales. He conocido a gente exitosa que son humildes y a otros que son arrogantes. Los he conocido que son creativos y también los hay poco creativos. Algunos tienen una energía frenética y otros están tan tranquilos que te preguntas cómo llegaron a donde están.

La verdad es que el éxito tiene que ver más con ser uno mismo que con cualquier otro tipo de fórmula. Cada persona tiene diferentes superpoderes, y cuando vivimos sacando todo el partido posible de ellos, empezamos a ver un progreso positivo en nuestras carreras.

Dicho esto, hay una cosa que todas las personas de éxito tienen en común: se inclinan por la acción.

Lo que quiero decir con que tienen tendencia a tomar acción es que no dejan que las ideas mueran sin dar frutos. Pasan a la acción para hacer realidad esas ideas.

En nuestra oficina, lo llamamos «llevar el balón a la zona de anotación». Lo decimos porque sabemos que elaborar jugadas, dar charlas de ánimo e incluso el duro trabajo de llevar la pelota por el campo no produce puntos. Lo único que gana puntos es meter el balón en la zona de anotación.

Las personas exitosas son las que logran cosas reales en el mundo real.

No dejan que la vida que han soñado se quede en su imaginación.

De hecho, me ha sorprendido la cantidad de gente con éxito que he conocido y que no me han parecido especialmente inteligentes. Es decir, a medida que he hablado con ellos, me he dado cuenta de que no eran muy leídos ni imaginativos. Y cuando me he preguntado cómo unos pensadores tan simples podían acabar teniendo tanta influencia y dinero, me he dado cuenta de que se debe a su increíblemente fuerte inclinación por ponerse manos a la obra y tomar acción.

Mientras que otros pueden tener ideas geniales o ser capaces de ver un asunto importante desde muchos ángulos, las personas orientadas a la acción son buenas a la hora de terminar todas las cosas que empiezan.

Cuando intentes construir tu empresa o tu carrera, debes saber que puedes vencer a cualquiera en el mercado siempre que te levantes cada día y actúes.

Más adelante, te mostraré un marco de productividad personal que te ayudará a hacer más cosas, pero por ahora debes saber que soñar y hablar de ideas no anota puntos en el marcador. Nuestro mundo empieza a cambiar y a mejorar solo cuando logramos algo tangible en el mundo real.

> **Este es el consejo del día de *Simplifica tu negocio***
>
> Un profesional valioso supera a la competencia al tener una predisposición a tomar acción.

DÍA OCHO
Carácter – No elijas estar confundido

Un profesional con valores no elige confundirse.

Algo que me dijo una vez mi *coach* de negocios, Doug Keim, se me ha quedado grabado. Estábamos hablando por teléfono y yo preguntaba sobre cierto empleado que llevaba más de un año rindiendo por debajo de lo esperado. He revisitado sus palabras miles de veces y me han ayudado a tomar mejores decisiones y a terminar lo que he empezado.

Me dijo esto: «Don, deja de elegir estar confundido».

Esencialmente, Doug decía que yo sabía muy bien lo que tenía que hacer, pero que el problema estaba en que no quería hacerlo. Necesitaba dejar ir a esa persona. Ya era hora.

Desde entonces, he aprendido que la mayoría de las situaciones que creemos que son confusas no lo son en realidad. De hecho, lo que se disfraza de confusión suele ser nuestro deseo de evitar el conflicto y nuestra falta de voluntad para tomar acción.

Solemos saber, por ejemplo, si tenemos que comprar algo o poner ese dinero en los ahorros. Sabemos si debemos disculparnos con alguien. Sabemos si tendríamos que salir o acostarnos. En realidad, no estamos confundidos. Simplemente no queremos hacer lo que tenemos que hacer, y por eso elegimos la confusión para evitar asumir la responsabilidad.

Sin embargo, un profesional valioso es capaz de ver el mundo a través de una lente objetiva, y no deja que la «complacencia de la gente», los deseos menores o la evitación de conflictos afecten a su claridad mental.

¿Cuándo fue la última vez que conociste a una persona de alto impacto que siempre estuviera confundida sobre lo que debía hacer? Probablemente nunca. Las personas de éxito no viven en la confusión; viven en la claridad. Y no es porque ellos vean el mundo con lucidez y el resto de nosotros no. La verdad es que todos vemos el mundo con bastante claridad. Es solo que elegimos estar confundidos.

He descubierto que, cuando elijo estar confundido, normalmente se debe a una de estas tres razones:

1. **Me gusta complacer a la gente.** Me preocupa si seguiré gustando a los demás o no si hago lo que sé que tengo que hacer.
2. **Voy a quedar mal.** Me preocupa lo que otras personas (a menudo desconocidos) pensarán de mí si hago lo correcto.
3. **Miedo.** Temo las consecuencias financieras o físicas de hacer lo correcto.

En los momentos de confusión, me ayuda ponerle nombre a aquello que me confunde. Ya sea por complacer a la gente, por quedar mal o por miedo, la confusión tiende a desaparecer cuando identifico su origen.

La pregunta que debemos hacernos en situaciones que parecen confusas es la siguiente: Si yo fuera una persona diferente y viese mi vida desde el exterior, ¿cuál sería la acción a tomar que me resultaría más obvia?

La respuesta a esta pregunta revelará lo que deberíamos hacer si no nos frenase la confusión (elegida).

Este es el consejo del día de *Simplifica tu negocio*

Un profesional valioso elige no tener dudas sobre las decisiones correctas que debe tomar.

DÍA NUEVE
Carácter – Ser incansablemente optimista

Un profesional valioso no cesa de ser optimista.

Cuando la inmensa mayoría de los días de nuestra vida funcionan estupendamente, ¿por qué vivimos con tanto miedo a que las cosas vayan mal?

La razón es que nosotros, los seres humanos, somos primates. Y los primates son muy buenos a la hora de evaluar y evitar las amenazas.

Tal vez demasiado buenos.

Tu cerebro está diseñado para mantenerte vivo. Ese es su trabajo principal. Lo que significa que, como primate, eres increíblemente bueno a la hora de anticipar lo que podría salir mal. Se te da bien apartarte del borde del tejado para no caerte, y se te da bien percibir si una persona es o no peligrosa.

Si no fueras bueno en esas cosas, probablemente estarías muerto. Y somos buenos en mucho más que en detectar amenazas físicas.

También se nos da muy bien no ponernos en ridículo, porque hacerlo podría costarnos la posición que ostentamos en la tribu a la que pertenecemos. Además, sabemos mantenernos alejados de los esfuerzos arriesgados en los que podríamos fallar, ya que el fracaso podría costarnos los recursos que necesitamos para sobrevivir.

Es cierto que las personas que ven la vida a través de una lente de riesgo y recompensa más sensible tienden a vivir vidas más seguras que los demás. Pierden menos porque arriesgan menos.

Pero también ganan menos porque arriesgan menos.

Si no tenemos cuidado, nuestro deseo de evitar el riesgo puede enmascararse como cinismo. Cuando la gente empieza a hablar de tener éxito, por ejemplo, un cínico pone los ojos en blanco. ¿Por qué? A menudo es porque tienen miedo a arriesgar, pero no quieren admitirlo.

La verdad es que, aunque algunas oportunidades de triunfar en la vida no funcionan, otras sí lo hacen, y cuanto más optimista seas, más podrás disfrutar de las recompensas que conlleva el intento.

Si te mantienes incansablemente optimista, aumentan drásticamente tus posibilidades de tener éxito en algún momento. Cuanto más optimista seas, más estarás dispuesto a intentarlo, y cuanto más lo intentes, más a menudo experimentarás el éxito.

Las personas de alto impacto creen en la posibilidad de que ocurran cosas increíbles. Y cuando lo intentan y no lo logran, se olvidan de su fracaso casi instantáneamente porque están muy entusiasmadas con la siguiente oportunidad. Muéstrame a una persona con éxito y te mostraré a alguien que ha fracasado más que la mayoría. Ponme delante a una persona que no haya tenido éxito y te señalaré a alguien que ha renunciado después de fracasar unas cuantas veces.

Es contraintuitivo, pero las personas con éxito han fracasado más a menudo que las personas sin él. Lo que ocurre es que han tenido una actitud optimista ante la adversidad y se han levantado después de tropezar.

Esto es cierto en todos los ámbitos de la vida, desde las relaciones hasta los deportes y los negocios.

Hace años, entrevisté a Pete Carroll, entonces en su segundo año como entrenador de los Seattle Seahawks. Le pregunté sobre una creencia específica que tenía, y es que cada vez que compite, va a ganar. Ya sea en las damas, en el ajedrez o en el fútbol americano, él cree que va a ganar todas las competiciones en las que participa.

No pude evitar preguntar: «Entrenador, ¿qué pasa cuando se pierde?».

El entrenador se recostó en su sillón y levantó los brazos. «¡Estoy sorprendido!», dijo. «Me pasa cada vez. Quiero decir... en serio, Don, nunca lo veo venir».

«¿Estás sorprendido? ¿Cada vez?». Pregunté. «Cada vez. Nunca espero perder».

Si lo piensas, la filosofía del entrenador Carroll es brillante. Al ser incansablemente optimista, mantiene la energía para seguir intentándolo y no rendirse nunca. Solo un año después de que nos viéramos, él y sus Seahawks ganaron la Super Bowl.

Y al año siguiente volvieron a la Super Bowl y perdieron el partido en la última jugada. Supongo que Pete Carroll se sorprendió, al menos durante un minuto, antes de volver a entusiasmarse con la oportunidad que tendría al año siguiente.

Nada te costará más caro en la vida que tener la creencia predeterminada de que las cosas no van a funcionar.

La vida es un juego de estadísticas. No hay garantías, pero cuanto más esfuerzo positivo pongas, más probabilidades tendrás de ganar.

Este es el consejo del día de *Simplifica tu negocio*

Un profesional orientado a los valores sabe que el optimismo implacable le da un mayor porcentaje de posibilidades de experimentar más éxito en el trabajo y en la vida.

DÍA DIEZ
Carácter – Tener una mentalidad de crecimiento

Un profesional valioso tiene una mentalidad orientada al crecimiento.

En su libro *Mindset*, la profesora de Stanford Carol Dweck escribió sobre dos mentalidades que, en gran medida, predicen el éxito o el fracaso de un individuo o equipo. La primera es la mentalidad fija. Los que la tienen creen que sus rasgos de carácter y habilidades son en gran medida inmutables, que son lo que son y que no son capaces de evolucionar hacia una versión mejor de sí mismos.

Las personas con una mentalidad fija documentan su inteligencia y sus capacidades, pero no creen que puedan mejorar ninguna de ellas.

Como los que tienen una mentalidad fija creen que han nacido con un nivel fijo de inteligencia, tienen miedo de parecer tontos ante los demás. No creen que puedan aprender nada nuevo y se ponen a la defensiva cuando se les critica o cuando fracasan. ¿Por qué reaccionan así? Porque no creen que puedan aprender a hacerlo mejor.

La segunda mentalidad que reveló Dweck fue la de crecimiento. Dweck descubrió que las personas con este tipo de mentalidad creían que sus cerebros eran adaptables y podían ser más inteligentes. Estaban más dispuestas a aceptar los retos y no veían el fracaso como una condena de su identidad.

En su investigación con estudiantes, Dweck descubrió que aquellos con mentalidad de crecimiento intentaron mejorar después de obtener malos resultados en los exámenes, mientras que los que tenían una fija se rindieron. Los primeros mejoraron y sacaron mejores notas, mientras que los segundos no lo hicieron. Y serían aquellos que creían que podían crecer los que se inscribieron en clases más avanzadas, dejando atrás a los que creían que no podían.

Se puede ver fácilmente hacia dónde va todo esto. Los que tienen una mentalidad de crecimiento son recompensados con mayores niveles de responsabilidad, experimentan un mayor rendimiento y reciben una mejor compensación.

La buena noticia es que la transformación de una mentalidad fija a una mentalidad de crecimiento es posible.

Para pasar de una a la otra, Dweck recomienda ver el mundo de forma diferente en cinco categorías distintas:

1. **Desafíos.** Debemos aceptar los retos en lugar de evitarlos.
2. **Obstáculos.** Debemos superar los obstáculos con perseverancia en lugar de rendirnos.
3. **Esfuerzo.** Debemos ver el esfuerzo como un camino hacia la maestría y no como tiempo malgastado.
4. **La crítica.** Debemos aprender de las críticas en lugar de ignorar los comentarios constructivos.
5. **El éxito de los demás.** Debemos inspirarnos en el éxito de los demás en lugar de sentirnos amenazados.

En resumen, tener una mentalidad de crecimiento consiste en comprender que nunca llegaremos a la cima de la montaña, pero que podemos seguir subiendo para que la vista sea cada vez mejor.

La transición de una mentalidad a la otra nos lleva de decirnos «he llegado» a decirnos «estoy mejorando», y de «soy genial» a «estoy aprendiendo y mejorando constantemente».

Incluso creer que tienes una mentalidad fija y que no puedes aprender a cambiarla es una profecía autocumplida. ¿Tienes una mentalidad de crecimiento?

Este es el consejo del día de *Simplifica tu negocio*

Un profesional valioso se enfrenta al mundo con una mentalidad de crecimiento, creyendo que fue diseñado para crecer y mejorar en todos los ámbitos de la vida.

Un profesional valioso

* Aumenta tu valor económico personal dominando cada competencia básica.

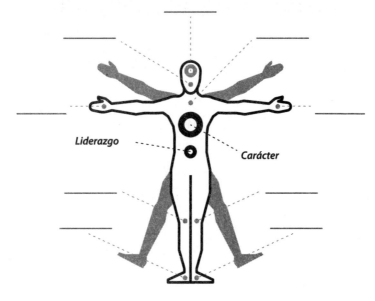

Liderazgo

Carácter

CAPÍTULO DOS

EL LIDERAZGO SIMPLIFICADO

*Cómo crear una declaración de misión
y unos principios rectores*

INTRODUCCIÓN

Una vez que desarrolles el carácter de un profesional valioso, se te pedirá que lideres. Cualquiera que demuestre los rasgos de personalidad definidos en las dos primeras semanas de este libro va a llegar a lo más alto, garantizado.

Pero entonces, ¿cómo lideramos?

Bueno, hay muchos tipos de liderazgo, y la verdad es que no hay dos líderes iguales.

Pero todos los que merecen ser considerados buenos son capaces de proyectar una visión que entusiasme y una al equipo; de lo contrario, su gente se confunde y sus objetivos fracasan.

De hecho, esto es el liderazgo en pocas palabras:

1. Invita a un equipo a formar parte de un relato.
2. Explícales por qué el relato es importante.
3. Da a cada miembro del equipo un papel que desempeñar en el relato.

El trabajo número uno de un líder es levantarse cada mañana, señalar el horizonte y asegurarse de que todos los miembros del equipo sepan hacia dónde va la organización.

El segundo trabajo de un líder es explicar, en términos claros y sencillos, por qué el relato de ir y llegar a ese destino específico es importante.

El tercer trabajo de un líder es analizar las habilidades y capacidades de cada miembro del equipo y encontrarles un papel importante que desempeñar en ese relato.

Todos los seres humanos anhelan tener una misión. Todos nacemos identificándonos como héroes de un cuento y sabemos, incluso de niños, que nuestra existencia en este planeta importa.

No solo eso, sino que, como seres comunitarios, cada persona anhela unirse a un equipo embarcado en una misión seria e importante.

Por eso los líderes dinámicos son capaces de atraer a los mejores talentos. Todos los que conoces o de los que has oído hablar tenían una misión que ardía en su interior y a la que otras personas querían unirse.

Los grandes líderes se hacen grandes porque su misión los hace grandes. No hay excepciones.

Los equipos que no están unidos en torno a una misión convincente pierden tiempo, energía y dinero moviéndose en direcciones aleatorias que no sirven al objetivo general de la organización.

Las personas sin una misión no solo desperdician los recursos de la empresa, sino que desperdician sus vidas. Los seres humanos han sido diseñados para ser héroes inmersos en una misión que logre grandes cosas. Cuando realizamos tareas importantes, nosotros mismos nos sentimos importantes. Cuando no lo hacemos, sentimos que no estamos a la altura de nuestro potencial.

Un líder que puede ayudar a un equipo a definir una misión y que puede recordar a ese equipo diariamente cuál es su objetivo y por qué es importante es un regalo valioso para su organización.

En los próximos cinco días, te presentaré los cinco componentes que conforman un conjunto de principios rectores, los cuales definen una misión que puede utilizarse para unir a toda una empresa, o a una división de la misma. ¡Muchos, incluso, han utilizado el marco de la «Declaración de Objetivos Fundamentales Simplificada» para unir a sus familias!

Los principios que te mostraré estos próximos cinco días pueden ser aplicados a tu carrera, a tu vida personal o a tu familia.

En mi propia vida, he desarrollado un conjunto de principios rectores (una misión) para mi vida personal, mi matrimonio, nuestro hogar, mi empresa, y un conjunto de principios rectores para un esfuerzo de promoción política que inicié para ayudar a familias de clase media.

Gracias a estos principios rectores, no me despierto perdido cada día. Siempre sé en qué debo trabajar y por qué.

Cada conjunto de los principios que te enseñaré incluye cinco componentes:

1. **Crea una declaración de objetivos** que realmente te entusiasme.
2. **Crea un conjunto de características clave** que guíen tu desarrollo.
3. **Elabora una lista de acciones críticas** que garanticen el cumplimiento de la misión.
4. **Crea un relato** que atraiga recursos a tu misión.
5. **Define un tema** que sirva como el «porqué» de tu misión.

Una vez completados, los principios rectores que definen la visión de ti mismo o de tu organización deberían caber en una sola página, como en la figura 2.1.

Para aprender a crear un conjunto de principios rectores para ti y tu equipo, lee la entrada de cada día, mira el vídeo que la acompaña y que recibirás en tu correo electrónico, y crea un conjunto de principios rectores propios.

Al final de esta tercera semana, aprenderás una habilidad fundamental de la que la mayoría de los líderes nunca se dan cuenta. Sabrás cómo unir a un equipo en torno a una misión.

Floristería Jeannie

DECLARACIÓN DE OBJETIVOS	CARACTERÍSTICAS CLAVE	ACCIONES CRÍTICAS
Llevamos la alegría a la gente proporcionando las mejores flores en el área de Houston, porque le puedes devolver la vida a las personas cuando alguien que aman les da flores.	**1. Positivos:** Creemos que el día de cualquier persona se puede alegrar con flores. **2. Creativos:** Creamos los arreglos florales más hermosos de todo Houston. **3. Dedicados:** Nos entregamos a lo que hacemos porque la alegría de los demás depende de nuestro trabajo.	**1. Sonreímos:** Tenemos una actitud optimista y positiva, porque las flores se encargan de llevar la alegría a los demás. **2. Aprendemos:** Aprendemos constantemente sobre las flores y sobre cómo hacer mejores arreglos florales. **3. Limpiamos:** Limpiamos la zona de ventas tres veces al día.

PRESENTACIÓN DEL RELATO

En la Floristería Jeannie creemos que muchas personas pasan sus días sin ser reconocidas por los demás. No ser reconocido entristece a la persona y le hace perder la esperanza.

Cuando alguien recibe flores, le devuelve la vida porque alguien se ha acordado de él o ella. Un simple ramo de flores puede recordar a una persona lo mucho que la quieren y alegrarle el ánimo durante días.

Proporcionamos las mejores flores en el área de Houston porque todo el mundo merece una forma sencilla y eficaz de recordarles a sus seres queridos cuánto los aman.

TEMA

Cuando se reconoce a las personas con flores, les devuelves la vida.

FIGURA 2.1

DÍA ONCE
Cómo liderar – Escribe una buena declaración de objetivos fundamentales

Para unir y motivar a un equipo, aprende a redactar una declaración de objetivos que sea breve, interesante y memorable (véase la figura 2.2).

Floristería Jeannie

DECLARACIÓN DE OBJETIVOS

Llevamos la alegría a la gente proporcionando las mejores flores en el área de Houston, porque le puedes devolver la vida a las personas cuando alguien que aman les da flores.

CARACTERÍSTICAS CLAVE

1. Positivos: Creemos que el día de cualquier persona se puede alegrar con flores.

2. Creativos: Creamos los arreglos florales más hermosos de todo Houston.

3. Dedicados: Nos entregamos a lo que hacemos porque la alegría de los demás depende de nuestro trabajo.

ACCIONES CRÍTICAS

1. Sonreímos: Tenemos una actitud optimista y positiva, porque las flores se encargan de llevar la alegría a los demás.

2. Aprendemos: Aprendemos constantemente sobre las flores y sobre cómo hacer mejores arreglos florales.

3. Limpiamos: Limpiamos la zona de ventas tres veces al día.

PRESENTACIÓN DEL RELATO

En la Floristería Jeannie creemos que muchas personas pasan sus días sin ser reconocidas por los demás. No ser reconocido entristece a la persona y le hace perder la esperanza.

Cuando alguien recibe flores, le devuelve la vida porque alguien se ha acordado de él o ella. Un simple ramo de flores puede recordar a una persona lo mucho que la quieren y alegrarle el ánimo durante días.

Proporcionamos las mejores flores en el área de Houston porque todo el mundo merece una forma sencilla y eficaz de recordarles a sus seres queridos cuánto los aman.

TEMA

Cuando las personas son reconocidas con flores, cobran vida.

FIGURA 2.2

Para dirigirte a ti mismo o a un equipo, tienes que saber adónde vas. Hay que definir un destino concreto.

La mayoría de las empresas hacen esto con una declaración de misión o visión, pero seamos sinceros, la mayoría de ellas son *terribles*. Usan un lenguaje soberbio y jerga empresarial, y suenan más como si hubieran sido escritas por abogados en nombre de los accionistas que por miembros del equipo a los que les apasiona su trabajo.

Entonces, ¿cómo redactar una declaración que la gente recuerde y ejecute?

Si William Wallace, de la película *Braveheart,* no puede gritar su declaración de objetivos a caballo para inspirar a un grupo de soldados a sacrificarse en nombre de la misión, entonces no es una declaración muy interesante.

Imagínate a William Wallace gritando la misión de tu empresa, es decir, si es que sabes cuál es exactamente.

¿Es difícil imaginar que las tropas se vean motivadas por tu actual declaración de objetivos fundamentales?

Bien, entonces arreglémosla.

Una buena declaración de misión es breve, interesante e inspiradora. De lo contrario, no tiene ningún valor.

Además, tu declaración debe posicionar vuestro esfuerzo como *un contraataque frente a una injusticia.* Debes explicar lo que estáis haciendo para servir a la gente y por qué ese esfuerzo es importante.

Los soldados que desembarcaron en las playas de Normandía tenían una misión. Los *Freedom Riders* que viajaban por el sur de Estados Unidos durante la época de la lucha por los derechos civiles tenían una misión. Los astronautas que redefinieron las limitaciones humanas tenían una misión. Al igual que el fabricante de automóviles Tesla, que hizo que la industria de los motores de combustión sufriera una disrupción con sus coches eléctricos, y Netflix hiciera lo mismo en su sector con sus servicios de *streaming* de películas. El libro que estás leyendo actualmente está causando una disrupción también, pero en las escuelas de negocios de Estados Unidos, al enseñar habilidades empresariales prácticas en pequeñas lecciones por una fracción del coste.

La gente se siente atraída por una misión. No les atrae la jerga empresarial. Y, de nuevo, tu empresa está formada por personas que buscan contribuir a una misión.

He aquí una fórmula para una buena y breve declaración de misión:

Lograremos _____ para _____ debido a _____.

He aquí algunos ejemplos:

Una empresa de fontanería: Prestaremos servicio a diez mil clientes en los próximos cinco años, porque todo el mundo se merece una fontanería que funciona y un servicio que le haga sentirse valorado.

Una empresa de software: Nuestro software funcionará en la mitad de los ordenadores de Estados Unidos hacia el año 2029 porque nadie debería tener que soportar una interfaz de software que le confunda.

Un restaurante familiar: Dentro de cinco años seremos conocidos como los que hacemos la mejor pizza del estado, porque la gente de nuestra comunidad se merece presumir de pizza hecha con ingredientes locales.

Las declaraciones de objetivos sencillas como estas inspiran a actuar. Y como hemos incluido una fecha límite, también crea una sensación de urgencia.

Por cierto, una vez alcanzado el plazo, basta con reescribir la declaración. No hay ninguna razón por la que una declaración de objetivos fundamentales no pueda ser rehecha cada pocos años.

Es cierto que no es necesario utilizar esta fórmula para redactar una declaración, pero seamos sinceros, estas son mucho más claras y motivadoras que la mayoría de las que las organizaciones utilizan hoy en día.

De hecho, la mayoría de las declaraciones de objetivos son completamente olvidadas. ¿Conoces tú la tuya? ¿Alguien de tu equipo se acuerda de vuestra declaración?

Una vez me senté en una sala de conferencias con un grupo de ejecutivos que se opusieron con fuerza cuando dije que la mayoría de las declaraciones de objetivos son terribles. Hacía poco que habían participado en un retiro de cuarenta y ocho horas en el que habían elegido minuciosamente cada palabra de su nueva declaración.

Señalé al director financiero y le pregunté si había estado en el retiro. Dijo que sí. Le pedí que recitara la declaración de la misión, pero no pudo. La había olvidado.

La realidad es que si nosotros o nuestros equipos no podemos recitar nuestra declaración de objetivos fundamentales, no estamos en una misión. La hemos olvidado. Los miembros competentes de un equipo saben cómo motivarse a sí mismos y unir a un equipo en torno a una declaración.

Recuerda que debes ser breve, interesante e inspirador.

Tu declaración de objetivos es la primera parte de un conjunto de cinco principios rectores. En los próximos cuatro días, te mostraré los componentes restantes que guiarán, pondrán de acuerdo e inspirarán a tu equipo.

> **Este es el consejo del día de *Simplifica tu negocio***
>
> Para unir a un equipo, crea un conjunto de principios rectores que incluyan una declaración de objetivos fundamentales que sea breve, interesante y memorable.

DÍA DOCE
Cómo liderar – Define las características clave

Define las características clave que tendrás que desarrollar para cumplir con tu misión y te transformarás a ti mismo y a tu equipo.

El segundo componente de tu conjunto de principios rectores son tus *características clave* (véase la figura 2.3).

Al emprender tu misión, estás invitando a la gente a participar en un relato en el que superan los retos que se presenten para lograr algo grande. Y en las historias, los personajes cambian. Se vuelven más fuertes, mejor equipados, más seguros de sí mismos y más competentes a la hora de hacer el trabajo que tienen entre manos.

Es a través de vivir una historia significativa que nos transformamos en mejores versiones de nosotros mismos.

Cuando enumeres las características clave que tú y tu gente debéis encarnar para cumplir vuestra misión, básicamente estás diciéndole a todos los miembros del equipo en qué deben convertirse.

Floristería Jeannie

DECLARACIÓN DE OBJETIVOS

Llevamos la alegría a la gente proporcionando las mejores flores en el área de Houston, porque le puedes devolver la vida a las personas cuando alguien que aman les da flores.

CARACTERÍSTICAS CLAVE

1. Positivos: Creemos que el día de cualquier persona se puede alegrar con flores.

2. Creativos: Creamos los arreglos florales más hermosos de todo Houston.

3. Dedicados: Nos entregamos a lo que hacemos porque la alegría de los demás depende de nuestro trabajo.

ACCIONES CRÍTICAS

1. **Sonreímos:** Tenemos una actitud optimista y positiva, porque las flores se encargan de llevar la alegría a los demás.

2. **Aprendemos:** Aprendemos constantemente sobre las flores y sobre cómo hacer mejores arreglos florales.

3. **Limpiamos:** Limpiamos la zona de ventas tres veces al día.

PRESENTACIÓN DEL RELATO

En la Floristería Jeannie creemos que muchas personas pasan sus días sin ser reconocidas por los demás. No ser reconocido entristece a la persona y le hace perder la esperanza.

Cuando alguien recibe flores, les devuelve la vida porque alguien se ha acordado de él o ella. Un simple ramo de flores puede recordar a una persona lo mucho que la quieren y alegrarle el ánimo durante días.

Proporcionamos las mejores flores en el área de Houston porque todo el mundo merece una forma sencilla y eficaz de recordarles a sus seres queridos cuánto los aman.

TEMA

Cuando las personas son reconocidas con flores, cobran vida.

FIGURA 2.3

¿Qué características debéis desarrollar tu equipo y tú para cumplir con vuestros objetivos? ¿Necesitáis ser más rápidos, más atentos con los clientes, mejores codificadores?

Cuando definas las características clave que debéis obtener, asegúrate de que sean tanto aspiracionales como instructivas.

Cuando digo aspiracionales, quiero decir que no tienen por qué ser características que tú encarnes actualmente, sino que pueden ser unas que exijan mejoras y cambios. Y cuando digo instructivas, lo que quiero decir es que deben ser inmediatamente factibles cuando alguien las escuche. «Una actitud positiva» es instructiva, al igual que la «disciplina a la hora de hacer llamadas de ventas» o la «rapidez para saludar a los clientes en la puerta». Si tus características clave son demasiado vagas, los miembros del equipo no sabrán cómo ponerlas en práctica y, por tanto, no inspirarán el cambio.

Si tu misión es encontrar hogares para los perros abandonados de tu zona, una característica clave de las personas de tu equipo debe ser que les guste estar rodeados de perros. Si tu misión es crear un software que facilite la gestión del dinero, una característica clave debería ser que tus empleados sean estudiantes de grandes interfaces de software.

Un restaurante de comida rápida con el que hemos trabajado recientemente es conocido por su ambiente positivo. Todos los días abren la puerta a una cola de personas que llevan horas esperando para comer su pollo frito. Y aunque tienen un gran éxito, su verdadero reto está en mantener esa actitud positiva bajo una presión tan intensa.

Por ello, definieron una de sus características clave como poder «ser divertidos bajo presión».

Esta característica clave fue brillante porque sirve a nuestros dos propósitos:

1. **Es aspiracional.** Ayuda al equipo a conocer el tipo de personas en las que deben convertirse para lograr la misión.
2. **Es instructiva.** Indica al equipo el tipo de personas que deben ser cuando la presión es alta.

Cuando la cocina está hasta arriba, se ha agotado un ingrediente concreto y acaba de llegar un autobús lleno de turistas,

¿cómo deberían responder nuestros amigos del restaurante? Deben hacerlo divirtiéndose bajo presión.

¿Te imaginas cuánta negatividad y dramatismo se ahorra uno al definir una característica clave como «ser divertido bajo presión»?

Cuando determinas las características clave que debe desarrollar tu equipo, estás definiendo el tipo de personas que pueden trabajar para ti. Si alguien en el restaurante no es divertido bajo presión, por ejemplo, no encaja.

Definir estas características te ayuda a saber qué personas debes contratar y qué personas debes despedir. Si no aclaras las claves necesarias para cumplir con tu misión, es probable que tengas a las personas equivocadas en tu equipo.

¿Qué tipo de características es importante que tengáis tú y los miembros de tu equipo para cumplir tu misión? ¿En quiénes tenéis que convertiros tú y tu gente?

Este es el consejo del día de *Simplifica tu negocio*

Como parte de tu conjunto de principios rectores, define las características clave que tú y tu equipo debéis desarrollar para cumplir vuestra misión.

DÍA TRECE
Cómo liderar – Determinar las acciones críticas

Define tres *acciones críticas* repetibles que cada persona de tu organización pueda realizar y que contribuyan a vuestra misión (véase la figura 2.4).

Floristería Jeannie

DECLARACIÓN DE OBJETIVOS	CARACTERÍSTICAS CLAVE	ACCIONES CRÍTICAS
Llevamos la alegría a la gente proporcionando las mejores flores en el área de Houston, porque le puedes devolver la vida a las personas cuando alguien que aman les da flores.	**1. Positivos:** Creemos que el día de cualquier persona se puede alegrar con flores. **2. Creativos:** Creamos los arreglos florales más hermosos de todo Houston. **3. Dedicados:** Nos entregamos a lo que hacemos porque la alegría de los demás depende de nuestro trabajo.	**1. Sonreímos:** Tenemos una actitud optimista y positiva, porque las flores se encargan de llevar la alegría a los demás. **2. Aprendemos:** Aprendemos constantemente sobre las flores y sobre cómo hacer mejores arreglos florales. **3. Limpiamos:** Limpiamos la zona de ventas tres veces al día.

PRESENTACIÓN DEL RELATO

En la Floristería Jeannie creemos que muchas personas pasan sus días sin ser reconocidas por los demás. No ser reconocido entristece a la persona y le hace perder la esperanza.

Cuando alguien recibe flores, les devuelve la vida porque alguien se ha acordado de él o ella. Un simple ramo de flores puede recordar a una persona lo mucho que la quieren y alegrarle el ánimo durante días.

Proporcionamos las mejores flores en el área de Houston porque todo el mundo merece una forma sencilla y eficaz de recordarles a sus seres queridos cuánto los aman.

TEMA

Cuando se reconoce a las personas con flores, les devuelves la vida.

FIGURA 2.4

La mayoría de los principios rectores se olvidan porque no inspiran a la acción. Pero a menos que los personajes de los cuentos *hagan* realmente algo, la misión nunca se cumplirá.

La inclusión de acciones críticas en tu conjunto de principios rectores hará que tu equipo y tú os pongáis en marcha.

Después de definir nuestra declaración de objetivos fundamentales y las características clave, debemos hacer avanzar el relato definiendo las acciones críticas que nuestra gente debe realizar cada día para cumplir con la misión.

Por supuesto, cada miembro del equipo tiene una lista diferente de acciones a llevar a cabo, pero al definir tres acciones críticas que cada uno de vosotros podéis tomar, se crea la sensación de que estáis alineados, algo que no llegaríais a sentir de otra manera.

Además, al definir tres acciones críticas que cada persona de tu equipo puede realizar cada día, tú concentras y enfocas la energía de todos hacia el cumplimiento de la misión.

Por ejemplo, si una de nuestras acciones críticas es «tener una reunión rápida cada mañana quince minutos antes de abrir», todos llegaremos al trabajo temprano y sabremos cuáles son nuestras prioridades cuando se abran las puertas.

¿Qué acciones puede llevar a cabo cada miembro de tu equipo (o división) a diario que se traduzcan en una mayor productividad, más ingresos, mayor satisfacción de los clientes o una mejor relación actividad-rendimiento?

Las acciones críticas que definas para ti y tu organización deben establecer un estilo de vida que afecte al resultado final.

En mis principios rectores personales, mis acciones críticas repetibles son que me levanto temprano, escribo y digo «después de ti».

Puede parecer gracioso, pero al levantarme temprano, prácticamente me aseguro de que me acostaré temprano la noche anterior, aumento las posibilidades de hacer ejercicio, escribo más (porque escribo por la mañana) y tengo un tiempo de tranquilidad a primera hora. Si escribo todos los días, me aseguro de que mi carrera y mi empresa sigan creciendo. Y si digo «después de ti» en mis idas y venidas con la gente, me aseguro de poner a los demás en primer lugar y no me convierto en un cretino.

Esas tres acciones críticas establecen un modo de vida que, si son repetidas día tras día, garantiza el éxito.

Por cierto, no recomiendo más de tres. Si hay más de ese número, la gente tiende a olvidarse de llevar a cabo alguna de ellas.

¿Qué acciones críticas y repetibles te llevarían a ti y a tu gente al éxito?

¿Cuáles son las pequeñas acciones que podéis realizar cada día para impulsar la misión? ¿Son sencillas y fáciles de ejecutar? ¿Se pueden repetir? ¿Afectarán realmente al objetivo?

> **Este es el consejo del día de *Simplifica tu negocio***
>
> Define tres acciones críticas que tú y tu equipo podáis llevar a cabo cada día que os aseguren el éxito y te ayuden a cumplir tu misión.

DÍA CATORCE
Cómo liderar – Cuenta un gran relato

Saber atraer a la gente a tu misión contando tu historia.

Contar la historia de tu empresa o proyecto es importante porque al difundirla atraes recursos. Cuando la cuentas, la gente decide si te compra o no, si invierte en ti o incluso si corre la voz sobre lo que haces.

Sin embargo, la mayoría de las personas y empresas no saben cómo narrar su historia. A menudo, cometen el error de detallar su *historia* completa con viñetas y aburridos apartes.

Pero tu historia no es tu relato. Tu relato es diferente, es una forma de explicar lo que haces que atrae a la gente y hace que quieran unirse. Tu historia, por el contrario, es solo un montón de cosas que han sucedido en tu pasado.

El cuarto aspecto de tu conjunto de principios rectores se denomina «Presentación del relato» (véase la figura 2.5). La razón por la que quieres una presentación es que te permite a ti y a todos los miembros de tu equipo contar el relato de vuestra empresa de forma que la gente lo recuerde y quieran involucrarse.

Floristería Jeannie

DECLARACIÓN DE OBJETIVOS	CARACTERÍSTICAS CLAVE	ACCIONES CRÍTICAS
Llevamos la alegría a la gente proporcionando las mejores flores en el área de Houston, porque le puedes devolver la vida a las personas cuando alguien que aman les da flores.	**1. Positivos:** Creemos que el día de cualquier persona se puede alegrar con flores. **2. Creativos:** Creamos los arreglos florales más hermosos de todo Houston. **3. Dedicados:** Nos entregamos a lo que hacemos porque la alegría de los demás depende de nuestro trabajo.	**1. Sonreímos:** Tenemos una actitud optimista y positiva, porque las flores se encargan de llevar la alegría a los demás. **2. Aprendemos:** Aprendemos constantemente sobre las flores y sobre cómo hacer mejores arreglos florales. **3. Limpiamos:** Limpiamos la zona de ventas tres veces al día.

PRESENTACIÓN DEL RELATO

En la Floristería Jeannie creemos que muchas personas pasan sus días sin ser reconocidas por los demás. No ser reconocido entristece a la persona y le hace perder la esperanza.

Cuando alguien recibe flores, les devuelve la vida porque alguien se ha acordado de él o ella. Un simple ramo de flores puede recordar a una persona lo mucho que la quieren y alegrarle el ánimo durante días.

Proporcionamos las mejores flores en el área de Houston porque todo el mundo merece una forma sencilla y eficaz de recordarles a sus seres queridos cuánto los aman.

TEMA

Cuando se reconoce a las personas con flores, les devuelves la vida.

FIGURA 2.5

Cualquier líder que pueda invitar a los clientes y a las partes interesadas al relato de la empresa a la que representa es situado en primer plano y se le da más responsabilidad.

Cualquier profesional de ventas que pueda invitar a los clientes a un relato aporta más ingresos a la empresa.

Cualquier representante del servicio de atención al cliente que sea capaz de invitar a los clientes a participar en el relato que cuenta la empresa crea fans apasionados de la marca.

Sin embargo, la mayoría de las empresas cuentan una historia aburrida. La verdad es que a muy poca gente le importa cómo empezó la empresa y que hayas mantenido una métrica alta de «grandes lugares en los que trabajar». Un buen relato filtra todo el ruido y solo destaca lo que realmente interesa a la audiencia. Y un profesional competente sabe cómo contar una historia. Especialmente la historia de su misión.

En su forma más simple, la estructura de un relato presenta a un personaje que se ha visto desestabilizado por un acontecimiento y que luego supera una serie de retos para estabilizar de nuevo su vida.

Esta es la trama de *La Guerra de las Galaxias*, *Romeo y Julieta*, *Tommy Boy*, todas las películas de *Los Vengadores* y cualquier comedia romántica que puedas nombrar. ¿Por qué los narradores utilizan esta fórmula? Porque es la herramienta más poderosa del mundo para captar la atención del público.

Lamentablemente, tu relato puede o no encajar en esa fórmula, por lo que contar tu historia, en lugar de tu relato, probablemente aburrirá al público y hará que tus clientes terminen eligiendo a tu competencia.

Así que, si queremos contar nuestro relato, el relato de nuestro negocio (o la división del negocio en la que trabajamos), tomemos prestada la misma fórmula que ha funcionado durante miles de años.

Haz esto:

1. Empieza por el problema que tú o tu empresa ayudáis a la gente a superar.
2. Profundiza en ese problema para que parezca aún peor.
3. Sitúate a ti, tu empresa o tu producto como la solución al problema.
4. Describe el final feliz que experimentará la gente si utiliza tu producto para resolver su problema.

Esta sencilla fórmula ha demostrado ser efectiva una y otra vez a la hora de atraer a la audiencia. Cuando filtras los «hechos» de tu empresa a través de esta fórmula de relato, todo lo que queda son las mejores partes.

Por ejemplo, digamos que tienes un negocio de hospedaje de mascotas. Podrías contar tu relato de esta manera:

«La mayoría de la gente odia dejar a su mascota en una perrera cuando se va de viaje. Se sienten culpables al imaginarse los ojos tristes de su adorable perrito, que los miran mientras se van sin ellos y esperan su regreso tras los barrotes de una jaula.

En Pet-Paws Paradise, jugamos con su mascota durante al menos ocho horas cada día para que estén constantemente distraídos y felices mientras usted viaja. Se van a la cama cada noche agotados, soñando con toda la diversión que han tenido durante el día.

Cuando deja a su mascota con nosotros, sabe que está segura y feliz, ¡así que puede sentirse como el magnífico dueño de mascotas que es!».

¿Ves la fórmula? Empezamos con un problema, empeoramos el problema, posicionamos el producto como la solución y luego describimos una vida más feliz porque el problema ha sido resuelto.

Es un relato que atraerá a clientes, inversores y más. Puede ser utilizado por los vendedores, usado como narración en un vídeo publicitario, impreso en letra pequeña en el reverso de las tarjetas de visita, utilizado en sitios web y en correos electrónicos promocionales, e incluso utilizado para abrir y cerrar un discurso del director general.

Si quieres ser una empresa de grandes narradores, aprende a contar un relato que seduzca a los clientes.

Recientemente, una de las mayores empresas de redes sociales del mundo nos contrató para que les ayudáramos a convertir a su enorme personal de ventas en grandes narradores. La fórmula que les enseñamos no era tan diferente de la que acabas de aprender.

Contar historias no es difícil. Solo se necesita un poco de conocimiento y luego la disciplina para no desviarse del mensaje.

¿Sabes cómo contar el relato de tu producto o negocio?

¿Qué problema resuelve tu empresa? ¿Cómo hace sentir ese problema a la gente? ¿Cómo se posiciona tu producto para resolverlo? Y después de lidiar con el problema, ¿cómo es la vida de la gente?

Responde a esas preguntas en ese orden y contarás el relato sobre ti mismo, tu negocio, la división de tu negocio o sobre tu producto de tal manera que la gente querrá participar.

Deja de contar tu historia y empieza a contar tu relato.

Un profesional competente y valioso sabe cómo contar un relato interesante. Escribe el relato de tu empresa en forma de argumento e inclúyelo en tu conjunto de principios rectores. Además, ¡asegúrate de que todos los miembros del equipo sepan contar el relato de tu organización para que se corra la voz y aumenten los ingresos!

Este es el consejo del día de *Simplifica tu negocio*

Utiliza nuestra fórmula para contar tu relato, y harás que más gente participe en tu misión.

DÍA QUINCE

Cómo liderar – Define tu tema y tu «porqué»

Define el tema de tu misión para que tú y tu gente sepáis por qué vuestro trabajo es importante.

El último elemento de tus principios rectores es tu tema. Como puedes ver en la figura 2.6, el tema es la base de toda tu misión. Es el *porqué* de tus acciones o de las de tu organización.

Nadie quiere contribuir a una misión que no es importante. Entonces, ¿cómo convencemos a la gente de que nuestra misión lo es? Para hacerlo hay que definir un tema.

Durante siglos, los dramaturgos, novelistas y, más recientemente, los guionistas han definido temáticas para sus historias. Un narrador definirá su tema, principalmente, para no desviarse del mensaje que quiere transmitir mientras escribe su historia.

Si un trozo de diálogo o una determinada escena no apoyan el tema, lo eliminan de la historia.

El tema de *La lista de Schindler*, por ejemplo, es que todo ser humano tiene un valor infinito y debe ser salvado. Cuando los guionistas escribieron el guion de la película, tuvieron que filtrar cada escena a través de esa idea central.

Cuando un escritor define un tema, su historia es más significativa y clara.

Si queremos que nuestra misión tenga sentido y sea clara, debe tener un tema.

Para una empresa (que, al igual que los narradores, invita al público a formar parte de un relato), un tema puede ser cualquier cosa, desde «nadie debería pagar demasiado por un techo nuevo» hasta «todas las familias se merecen unas vacaciones que nunca olvidarán».

Cuando definas tu tema, tanto tú como todos los demás sabréis por qué vuestra misión es importante.

La misión de *Business Made Simple* es simplificar tu negocio, alterar el modelo educativo actual con un plan de estudios empresarial de fácil acceso que permita a cualquiera tener éxito en el trabajo. ¿Cuál es nuestro lema? Que «todo el mundo se merece una educación empresarial que le cambie la vida».

Un consejo para ayudarte a definir tu tema es añadir la palabra «porque» al final de tu declaración de objetivos, y luego terminar la frase. «Hemos creado un plan de estudios empresarial accesible **porque** *todo el mundo se merece una educación empresarial que le cambie la vida*».

Floristería Jeannie

DECLARACIÓN DE OBJETIVOS	CARACTERÍSTICAS CLAVE	ACCIONES CRÍTICAS
Llevamos la alegría a la gente proporcionando las mejores flores en el área de Houston, porque le puedes devolver la vida a las personas cuando alguien que aman les da flores.	**1. Positivos:** Creemos que el día de cualquier persona se puede alegrar con flores. **2. Creativos:** Creamos los arreglos florales más hermosos de todo Houston. **3. Dedicados:** Nos entregamos a lo que hacemos porque la alegría de los demás depende de nuestro trabajo.	**1. Sonreímos:** Tenemos una actitud optimista y positiva, porque las flores se encargan de llevar la alegría a los demás. **2. Aprendemos:** Aprendemos constantemente sobre las flores y sobre cómo hacer mejores arreglos florales. **3. Limpiamos:** Limpiamos la zona de ventas tres veces al día.

PRESENTACIÓN DEL RELATO

En la Floristería Jeannie creemos que muchas personas pasan sus días sin ser reconocidas por los demás. No ser reconocido entristece a la persona y le hace perder la esperanza.

Cuando alguien recibe flores, les devuelve la vida porque alguien se ha acordado de él o ella. Un simple ramo de flores puede recordar a una persona lo mucho que la quieren y alegrarle el ánimo durante días.

Proporcionamos las mejores flores en el área de Houston porque todo el mundo merece una forma sencilla y eficaz de recordarles a sus seres queridos cuánto los aman.

TEMA

Cuando se reconoce a las personas con flores, les devuelves la vida.

FIGURA 2.6

Si te preguntas por qué deberías levantarte temprano e ir a trabajar, el tema de tu misión debería servir como respuesta. Personalmente, me levanto y voy a trabajar **porque** *todo el mundo merece una educación empresarial que le cambie la vida.*

Una vez más, es importante conocer el tema, porque es el elemento fundamental que responde a la pregunta de «por qué». ¿Por qué deberían invertir los inversores? ¿Por qué un empleado debería venir a trabajar para ti? ¿Por qué los clientes deberían hablar a sus amigos de tus productos? Define tu tema y cada una de esas preguntas tendrá una respuesta sólida.

Una vez que definas tu tema, píntalo en una pared de la sala de descanso de tu edificio, inclúyelo en tu página web, conviértelo en una pancarta en tu puesto de reclutamiento y asegúrate de que todos los miembros de la organización lo tengan memorizado. Tu tema es tu propósito, y la gente necesita un propósito para dedicarse con pasión a su trabajo.

¿Por qué es importante *tu misión*? ¿Por qué es tu misión algo digno de sacrificio o inversión? ¿Por qué los demás deberían contribuir a ella? ¿Por qué tus clientes deberían elegirte a ti y no a otra marca?

Define tu tema y sabrás por qué.

Este es el consejo del día de *Simplifica tu negocio*

Define el tema de tu negocio para que tú, tu equipo y tus clientes sepan por qué vuestro trabajo importa.

Un profesional valioso

* *Aumenta tu valor económico personal dominando cada competencia básica.*

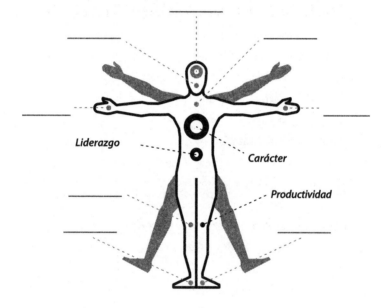

CAPÍTULO TRES

PRODUCTIVIDAD SIMPLIFICADA

INTRODUCCIÓN

Ahora que hemos aprendido sobre el carácter de un profesional valioso, cómo funciona realmente un negocio y cómo unir y alinear a un equipo, es el momento de aprender a gestionarnos a nosotros mismos y a nuestro tiempo para conseguir lo máximo en el menor tiempo posible y no cargarnos de estrés y ansiedad indebidos.

Muchos profesionales trabajan duro, pero consiguen hacer poco. Su frenética actividad solo sirve para acabar moviéndose en círculos. Hay una razón para ello, y es que su vida carece de enfoque. En todos mis años de estudio de relatos, llegué a creer que la vida de un ser humano tiene más sentido cuando la vive como si fuera un héroe con una misión. Cuando somos un héroe con un objetivo, tenemos poco espacio para la actividad frenética. Sabemos lo que queremos, lo que se nos opone y lo que debemos lograr para resolver algunos de los problemas del mundo.

Un héroe con una misión vive con un propósito y una intención. No pierde el tiempo porque su tiempo es importante. Alguien así sabe cómo gestionar su tiempo para no sentirse ansioso, sino centrado, motivado e inspirado para hacer el trabajo que importa.

Una de las claves para lograr más objetivos es saber cuáles son en primer lugar y, a continuación, saber cuáles son las oportunidades de mayor rendimiento y darles prioridad por encima de todas las demás.

Los profesionales valiosos son héroes con una misión. Saben en qué deben trabajar y no se distraen. Por esta razón, hemos creado el *Plan del Héroe con una Misión*. Como tienes este libro, puedes conseguir uno gratis en HeroOnaMission.com. El planificador te guiará a través de un ritual matutino que te ayudará a organizar tu mente y a planificar tu día. No tienes que despertarte sin saber qué hacer nunca más.

Durante los próximos cinco días, te guiaré a través de cada sección del planificador.

La verdad es que a nuestros cerebros no les gusta estar confundidos sobre cómo debemos invertir nuestro tiempo. Sin embargo, no confundirse requiere disciplina y concentración.

Si no establecemos prioridades y rutinas saludables, la televisión, las noticias, la comida, el alcohol y las malas compañías están más que dispuestas a ocupar nuestro tiempo. Mucha gente gana cuantiosas cantidades de dinero manteniéndonos distraídos. Pero sus distracciones no te aportan nada.

Para ser una persona productiva, tenemos que darnos una misión y luego tenemos que priorizar nuestro tiempo y objetivos para cumplirla.

Necesitamos un marco para gestionar nuestras prioridades y nuestro tiempo.

Si quieres ser un profesional valioso, aprende una rutina diaria que incremente tu rendimiento sin aumentar tu ansiedad. Es una combinación ganadora. Y no es tan difícil de aprender.

De nuevo, esta semana te guiaré a través de la página de un planificador de agenda que puedes conseguir gratis en HeroOnAMission.com. Imprime todas las páginas de la agenda que quieras, hazles tres agujeros y tendrás un memorando que vas a poder rellenar gratis de por vida, una agenda a la que darás utilidad durante décadas. Lee las entradas diarias de esta semana y mira cada vídeo para aprender a rellenarla en tu ritual matutino.

DÍA DIECISÉIS
Cómo ser productivo – Toma decisiones sabias a diario

Un profesional productivo comienza el día con una reflexión.

Todas las mañanas me hago una sencilla pregunta. Esta me asegura que no dejaré que el día se me escape y que avanzaré en mis objetivos.

La pregunta es la siguiente: Si esta fuera la segunda vez que vivo este mismo día, ¿qué haría de forma diferente? (Véase la figura 3.1.)

Al principio parece una pregunta descabellada. No podemos vivir cada día de nuevo. Solo tenemos una oportunidad de vivir cada día.

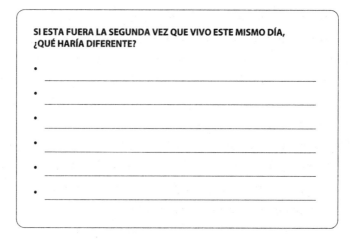

SI ESTA FUERA LA SEGUNDA VEZ QUE VIVO ESTE MISMO DÍA, ¿QUÉ HARÍA DIFERENTE?

FIGURA 3.1

* Del planificador diario gratuito de *Hero on a Mission*, disponible en HeroOnAMission.com

Pero la pregunta viene del Dr. Viktor Frankl y es bastante profunda. El doctor era un psicólogo vienés que ayudaba a sus pacientes guiándolos hacia sentir que sus vidas tenían un significado más profundo.

Para ayudar a sus pacientes a vivir con más sabiduría y prudencia, les pedía que vivieran como si ya estuvieran experimentando ese día por segunda vez, como si hubieran actuado mal en el primer intento y estuvieran a punto de revivir el día habiendo aprendido de sus errores de la primera vez.

En otras palabras, Frankl dijo: «Finge que es la segunda vez que vives este día y no cometas los mismos errores».

Esta pausa momentánea nos ayuda a reflexionar sobre nuestra vida con detenimiento. Si fuera la segunda vez que vives este día y pudieras aprender de la primera, ¿qué harías diferente? ¿Serías más considerado con tu cónyuge? ¿Pasarías un rato en la hamaca del patio leyendo un libro? ¿Harías ejercicio?

Otra forma de formular la pregunta de Frankl es la siguiente: «Al final del día, ¿de qué te habrás arrepentido de hacer o no hacer?».

Entonces, tenemos que vivir de tal manera que no tengamos remordimientos. Pocas personas reflexionan sobre sus acciones antes de realizarlas.

La mayoría de nosotros nos movemos tan rápidamente por la vida y nos hemos acostumbrado tanto a las interrupciones que exigen nuestra respuesta que ya no tenemos realmente el control de nuestras propias experiencias.

He conocido a muy pocas personas de gran impacto que no lleven un diario o que no se tomen tiempo para reflexionar de alguna manera. Al hacerlo, editamos nuestras acciones y diseñamos nuestras vidas. Los que no reflexionan, editan ni diseñan, simplemente responden. La triste verdad sobre esta realidad es que sus vidas siguen siendo diseñadas, solo que están siendo diseñadas por fuerzas externas a las que no les preocupa qué es lo mejor para ellos. La mayoría de los relatos de la vida de la gente son dictados por amigos, familiares, anuncios corporativos o políticos con intenciones ocultas. Es hora de tomar el control de tu propio relato.

¿Hay alguna pregunta que respondas al principio de cada día y que te haga detenerte y reflexionar? ¿Estás diseñando tu vida, o hay alguien que la esté diseñando por ti?

Este es el consejo del día de *Simplifica tu negocio*

Crea una rutina de reflexión haciéndote la pregunta matutina: «Si estuviera viviendo este día por segunda vez, ¿qué haría de forma diferente?»

DÍA DIECISIETE
Cómo ser productivo – Prioriza tus tareas principales

Un profesional valioso sabe cómo priorizar su oportunidad de mayor rendimiento.

¿Qué es lo más importante que puedes hacer hoy?

Si puedes responder a esa pregunta, mañana tras mañana, estás en un grupo de profesionales de élite.

La mayoría de los profesionales ni siquiera se plantean la pregunta porque suponen que el teléfono que suena, el cliente frustrado que se queja, el mensaje urgente que reciben o el correo electrónico desatendido son la respuesta. Pero... ¿lo es?

La realidad es que no todas las unidades de trabajo obtienen el mismo rendimiento. Si gastas un montón de calorías en correr en círculos, no obtendrás el mismo valor de esa energía que si la emplearas en planificar ese importante discurso. La cantidad de calorías que quemas puede ser la misma, pero el rendimiento de tu inversión difiere drásticamente.

Un profesional valioso sabe dónde invertir las calorías ganadas con esfuerzo y qué trabajo evitar o delegar. Y como saben estas cosas, su trabajo no les genera ansiedad. Son gestores de su tiempo y energía buenos y tranquilos.

Un profesional valioso sabe cómo emplear su tiempo. El secreto para centrarse en las oportunidades de mayor rendimiento consiste en crear dos listas de tareas cada día (véanse las figuras 3.2 y 3.3). Una de las listas de tareas se limitará a tres elementos, los cuales son las tareas más importantes para el éxito de tus objetivos clave. Sin importar lo que ocurra, estas deberían ser las tres cosas que haces primero.

TAREA PRINCIPAL UNO

_____
_____
_____ (H: M:)

Descanso/Recompensa: _____
_____

TAREA PRINCIPAL DOS

_____
_____
_____ (H: M:)

Descanso/Recompensa: _____
_____

TAREA PRINCIPAL TRES

_____
_____
_____ (H: M:)

Descanso/Recompensa: _____
_____

FIGURA 3.2

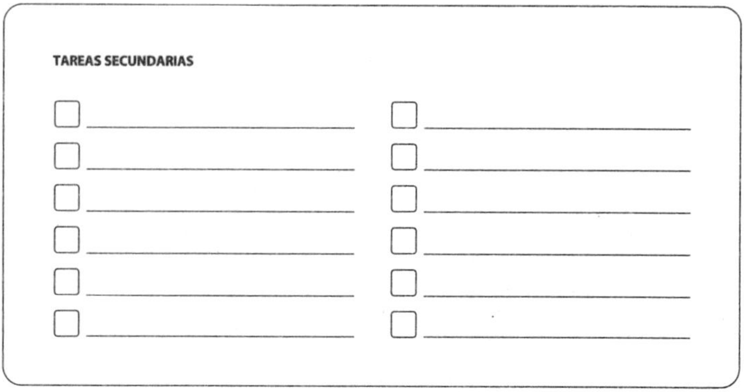

TAREAS SECUNDARIAS

FIGURA 3.3

La otra lista de tareas será la de los imprevistos que hay que realizar antes de que acabe el día. Se trata de tareas como devolver los correos electrónicos, recoger la ropa de la tintorería, etc.

La razón por la que quieres hacer dos listas es porque tu mente no sabrá distinguir entre lo que es muy importante y las tareas aleatorias que hay que hacer en algún momento del futuro próximo. Un profesional valioso conoce la diferencia entre las tareas primarias y las secundarias.

Recoger la ropa de la tintorería no debería considerarse tan importante como trabajar en la importante presentación que te tocará hacer en el próximo evento de personal.

Mis tareas prioritarias, por ejemplo, suelen consistir en crear algún tipo de contenido. Todos los días trabajo en un libro, en un curso de negocios o en una presentación, y solo cuando termino esa sesión de escritura empiezo a responder a las llamadas y a participar en reuniones. Todas las mañanas pongo por escrito las tres tareas en las que tengo que trabajar, luego escribo los elementos secundarios que reclaman mi atención, y empiezo con los tres importantes primero.

Separar mis tres prioridades me ha ayudado a hacer crecer una empresa exitosa mucho más rápido de lo que lo habría hecho si hubiera metido todas mis tareas en el mismo saco.

La razón por la que solo queremos enumerar tres tareas prioritarias es porque enumerar más de tres te parecerá demasiado pesado y probablemente te hará querer abandonar antes de empezar. La mayoría de mis tareas prioritarias son pequeñas partes de proyectos mucho más grandes. Si estoy escribiendo un libro, por ejemplo, me llevará más de un año terminarlo, así que tengo que priorizar avanzar pequeñas partes de ese libro cada día.

Cuando trabajamos en proyectos enormes que no podemos terminar en poco tiempo, somos especialmente susceptibles a las victorias a corto plazo. Prefiero devolver diez correos electrónicos que escribir diez párrafos de un libro, porque cada correo electrónico me hace sentir que he logrado algo, mientras que esos diez párrafos se sienten como una gota en un balde de agua.

Pero no nos engañemos. La forma de lograr nuestros objetivos más importantes es dando pequeños pasos hacia las grandes metas que se hallan en el horizonte.

Ten cuidado. Muchas tareas se presentan como importantes, pero no lo son. Puede que te avisen de algo que parece urgente, pero la verdad es que es otra persona la que tiene que encargarse de ello. Puede que alguien te obligue a asistir a una reunión, pero lo cierto es que dicha reunión no responde a tus prioridades.

Me gusta llamar a estas tentaciones «distracciones urgentes» porque parecen urgentes, pero en realidad son solo eso, distracciones.

Cada día, debemos saber cuáles son nuestras tres oportunidades de mayor rendimiento, o de lo contrario las oportunidades con las que menos ganamos se sentirán más importantes.

Entonces, ¿cómo saber cuáles son las oportunidades de mayor rendimiento? Para saber cuáles son, tenemos que hacer ingeniería inversa de nuestros objetivos generales. Cualquier trabajo que nos acerque a nuestras metas es una oportunidad de alta rentabilidad, y cualquier trabajo que no lo haga, no lo es. Un profesional valioso sabe la diferencia.

En lo que respecta a ser una buena inversión económica, ¿qué es lo más importante que debes hacer?

¿Qué puedes hacer para que la empresa obtenga el mayor rendimiento económico? Prioriza esas tareas, día tras día, y te acercarás a tus objetivos sin caer en la trampa de las «distracciones urgentes».

> **Este es el consejo del día de *Simplifica tu negocio***
>
> Haz cada día dos listas de tareas. Enumera tres elementos que sean tus oportunidades de mayor rendimiento y luego crea una lista separada de otras tareas que no sean tan importantes como tus tres prioridades más altas.

DÍA DIECIOCHO
Cómo ser productivo – Maximiza tus «horas de poder»

Un profesional valioso sabe priorizar su trabajo importante para hacerlo por la mañana.

El cerebro de todo el mundo funciona de forma diferente, pero para la mayoría de las personas, sobre todo las mayores de veinticinco años, la mayor productividad tiene lugar por la mañana.

Tu cerebro es como la batería de un *smartphone*. En concreto, tu cerebro quema entre seiscientas y ochocientas calorías cada día procesando la información necesaria para tu supervivencia. Mientras duermes, tu cerebro se recarga y está listo para afrontar el día siguiente.

La energía mental que tienes por la mañana es más fuerte y está más alerta que la que tendrás después de comer.

Si recibes una llamada o empiezas a responder a correos electrónicos al azar antes de empezar con tu proyecto más urgente, estás dedicando una energía mental muy valiosa a oportunidades poco rentables y probablemente estés desperdiciando las horas más preciadas de tu día.

Más tarde, cuando por fin «tienes tiempo» para ocuparte de lo importante, tu cerebro ya está cansado y no puedes hacer tu trabajo lo mejor posible (véase la figura 3.4).

No solo eso, sino que si reservas la mañana para tus proyectos importantes, podrás pasar el resto del día sabiendo que ya has completado las tareas más importantes.

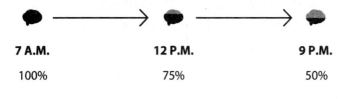

7 A.M.   **12 P.M.**   **9 P.M.**

100%   75%   50%

FIGURA 3.4

La mayoría de los profesionales valiosos hacen su trabajo importante por la mañana.

Si las reuniones agotan tu energía, prográmalas para después del mediodía. Si la tramitación de las facturas es la tarea más importante que tienes, procésalas en las dos primeras horas del día antes de consultar el correo electrónico. Si trabajar en la estrategia empresarial es la tarea principal, dedica la primera hora de la mañana a perfeccionar tu estrategia y luego empieza a atender las llamadas.

Aunque la idea de priorizar las tareas importantes y hacerlas por la mañana puede parecer trivial, muchos profesionales valiosos han descubierto que esta estrategia es un superpoder secreto. Mientras que sus compañeros de trabajo entran en la oficina y caen inmediatamente en la trampa de la distracción, el profesional valioso lleva ya un par de horas abordando sus tareas más importantes. Este tipo de disciplina y competencia hará que te ganes la confianza tanto de los clientes como de tus compañeros de trabajo. Y eso se traduce en más respeto, más dinero y una carrera más placentera.

> **Este es el consejo del día de *Simplifica tu negocio***
>
> Prioriza las oportunidades de mayor rendimiento y hazlas por la mañana, cuando tu mente está fresca.

DÍA DIECINUEVE
Cómo ser productivo – Decir «no» a las distracciones

Un profesional valioso sabe decir que no a las distracciones para poder decir que sí a las prioridades.

La mayor lección que he aprendido sobre el crecimiento de una empresa vino, en realidad, de mi carrera como autor. El consejo fue el siguiente: «Un gran comunicador sabe lo que debe omitir».

Parece contradictorio, ¿no? Uno pensaría que un gran comunicador sabe exactamente lo que tiene que decir, y por supuesto que lo sabe, pero lo más difícil es que una vez que ha dicho lo correcto, tiene que evitar decir cualquier otra cosa más.

Si estás escribiendo un libro sobre un héroe que desactiva una bomba, no puedes incluir unas cuantas escenas interesantes sobre cómo el héroe también quiere correr una maratón y casarse con su novia y quizás adoptar un gato. Si incluyeras todas esas cosas en la historia, perderías la trama. Una buena historia no puede tratar sobre demasiadas cosas. De lo contrario, el público se confundiría y perdería el interés.

Por cierto, así es como se siente la mayoría de la gente con respecto a sus vidas. Sienten que han perdido el rumbo. ¿Por qué? Porque sus vidas carecen de enfoque. Han dicho que sí a tantas cosas que tienen dudas de cuál es su historia. Muchos de ellos están perdiendo el interés en sus vidas y, en realidad, en la vida misma. Los héroes con una misión, sin embargo, están centrados.

En una buena historia, el escritor centra la trama en un solo objetivo definido. El equipo debe ganar el campeonato. La mujer debe conseguir el ascenso. El abogado debe ganar el juicio. Y por muy tentadoras que sean otras ideas, un buen escritor sabrá decirles «no».

Por supuesto, en la vida real no es tan fácil. Como madres, padres, hijas, hijos, amigos, gerentes, entrenadores y líderes, realmente acabamos haciendo malabares con una gran cantidad de subtramas. Hay amigos que quieren reunirse y oportunidades que, aunque no coincidan con nuestros objetivos, son realmente emocionantes.

Pero si decimos que sí a demasiadas cosas, estamos diciendo que no a la atención profunda y concentrada que se necesita para hacer bien unas pocas cosas. Al principio de mi carrera, ganaba dinero hablando en público. Me pagaban una cantidad decente cada vez que volaba a algún sitio y daba un discurso. Pronto me di cuenta de que cuanto más hablaba, menos podía escribir. Y sin publicar un libro cada dos años, menos gente pensaría en mí a la hora de elegir a un orador.

Tuve que tomar la decisión estratégica de rechazar un buen sueldo por dar charlas para quedarme en casa y escribir más libros. Fue una decisión que me dio miedo, pero eso es lo que hice. Sin embargo, al cabo de dos años, ya tenía otro éxito de ventas y podía cobrar cuatro veces más que mis honorarios iniciales por dar conferencias cada vez que salía de la ciudad. El resultado fue más tiempo en casa para escribir, menos tiempo en el escenario, pero mayores ingresos.

Resulta que no soy el único. Stephen King casi no da charlas. Esta es la principal razón por la que ha podido escribir tantos libros. King ha vendido decenas de millones de libros y podría llenar su agenda con lucrativas reuniones y charlas, pero no lo hace. Cada mañana se pone delante de su escritorio, enciende su ordenador y escribe su cuota diaria de palabras. Y gracias a esta disciplina, y a las miles de veces que ha dicho «no» a magníficas oportunidades, millones de lectores conocen y aman su trabajo.

Poca gente se da cuenta de que una de las claves del éxito de Stephen King es su disciplinada capacidad para rechazar las oportunidades que lo distraen a cambio de cumplir con sus prioridades.

Si no sabemos cuáles son las nuestras, diremos que sí a todo y diluiremos tanto nuestros relatos que nuestra vida y nuestro trabajo dejarán de tener sentido.

¿A qué estás diciendo «no» para decirle «sí» a una vida centrada y con sentido?

Este es el consejo del día de *Simplifica tu negocio*

Di «no» a las distracciones para tener la libertad de decir «sí» a tus prioridades.

DÍA VEINTE
Cómo ser productivo – Reserva tu tiempo y haz más cosas

Un profesional valioso sabe cómo reservar su tiempo.

Bill Gates nunca llega tarde a una reunión. Cuando le preguntaron por qué, dijo: «Porque el tiempo es el único recurso finito del que no puedo comprar más».

El viejo proverbio «el tiempo es oro» no es del todo correcto. El tiempo vale mucho más que el dinero. El tiempo es, literalmente, la vida. Y lo que hacemos con el nuestro determina la calidad de nuestra vida.

Lamentablemente, la mayoría de las personas no se preocupan mucho por la gestión de su tiempo. Eso no significa que su tiempo no sea gestionado. Lo gestionan la televisión, el calendario escolar, las relaciones coercitivas, el comercialismo y el trabajo.

Nunca dejaríamos que otras personas manejaran el dinero de nuestra cartera, así que ¿por qué íbamos a dejar que otros manejaran nuestro tiempo, que, como se ha señalado, vale mucho más que el dinero?

Un profesional valioso sabe que el tiempo es su bien más preciado, por lo que lo gestiona para obtener el mayor rendimiento de su inversión en tiempo. Y como en la vida no todo es trabajo, un profesional valioso sabe cómo reservar su tiempo de trabajo para sacarle el máximo provecho y poder dedicar más tiempo al día a los amigos, a la familia y a disfrutar de sus aficiones.

Entonces, ¿cómo gestionamos nuestro tiempo?

Veo el tiempo como los diferentes carriles de una autopista. Algunos carriles se mueven mucho más rápido que otros y, en la mayoría de los casos, si podemos llegar hasta el lado izquierdo de la autopista, nos moveremos más rápidamente. Las constantes entradas y salidas por el lado derecho de la autopista hacen que el tráfico se mueva más lentamente en ese carril.

Reservar los periodos de tiempo en los que no puedes distraerte equivale a ponerse en el carril rápido y pisar el acelerador.

Después de tu ritual matutino de reflexión y de comprometerte con tus principales prioridades, sigue reservando tu tiempo durante el resto del día (véase la figura 3.5). En intervalos de una, dos y tres horas, puedes conseguir muchas cosas. Sin embargo, hacer muchas cosas al mismo tiempo o el hecho de dejar que las distracciones del día dicten tu rumbo dan como resultado una menor productividad.

Toda tu carrera se basa en el aumento del rendimiento en relación con tu actividad. Un profesional valioso puede hacer el doble de cosas en el mismo periodo de tiempo que un profesional que no sabe utilizar el suyo de forma estratégica.

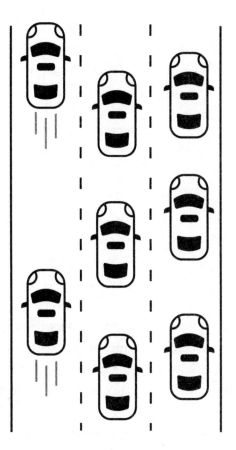

Los profesionales de alto rendimiento reservan su tiempo con semanas de antelación. Para mí, todo el lunes, el martes hasta el mediodía y el miércoles hasta el mediodía están reservados para escribir. Las primeras horas de la tarde del martes y el miércoles están reservadas para las reuniones, y los jueves y la mitad de los viernes para los podcasts, y grabaciones de vídeo. También reservo los viernes por la tarde para el tiempo personal y las noches y los fines de semana para los amigos y la familia.

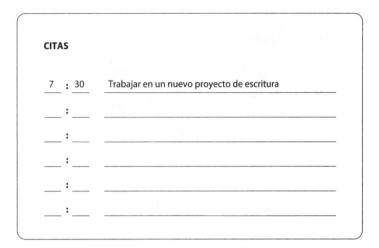

CITAS

7 : 30   Trabajar en un nuevo proyecto de escritura

___ : ___   _____

___ : ___   _____

___ : ___   _____

___ : ___   _____

___ : ___   _____

FIGURA 3.5

Reservar mi tiempo con antelación me permite decir que no a las distracciones porque, bueno, ya estoy ocupado. Hay un lugar en el que tengo que estar y algo que tengo que hacer mucho antes siquiera de que comience ese día en particular.

La idea es crear un ritmo de productividad. Una vez que sepas cuáles son tus oportunidades de mayor rendimiento, puedes reservar tu semana por partes, lo que te permitirá hacer esas cosas.

¿Qué tareas importantes tienes que hacer cada semana? Considera la posibilidad de asignar esas tareas a un bloque de tiempo específico que decidas de antemano. Además, reserva el tiempo personal para no asignar accidentalmente una reunión de trabajo durante el bloque de tiempo que has dedicado a los amigos y la familia. Si reservas tu tiempo te aseguras de que le sacarás más provecho, mientras que confiárselo a la suerte es como si lo regalaras.

Este es el consejo del día de *Simplifica tu negocio*

Los profesionales valiosos saben cómo reservar su tiempo y crear un ritmo de productividad.

Un profesional valioso

* *Aumenta tu valor económico personal dominando cada competencia básica.*

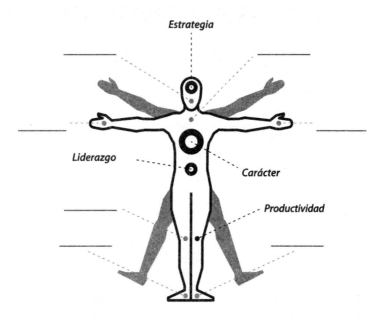

CAPÍTULO CUATRO

ESTRATEGIA EMPRESARIAL SIMPLIFICADA

*Cómo funciona realmente una empresa
y cómo evitar que se hunda*

INTRODUCCIÓN

Ahora que hemos aprendido los rasgos de carácter de un profesional valioso, junto con los elementos importantes de la creación de una visión y de convertirse en un profesional más productivo personalmente, voy a presentarte una perspectiva de los negocios que normalmente solo entienden los ejecutivos de más alto nivel.

Independientemente de si diriges un equipo o no, tu valor personal como profesional aumentará si demuestras una comprensión general de cómo funciona una empresa. Sorprendentemente, muchos profesionales que llevan años en el mundo de los negocios creen saber cómo funcionan las cosas, pero no es así. En lugar de entender la empresa como una entidad con ánimo de lucro que resuelve problemas para los clientes que pagan, piensan en una empresa más bien como un grupo comunitario, es decir, que los clientes les dan dinero para que creen una comunidad dentro de su oficina.

Esta perspectiva matará un negocio. Y rápido.

Estoy a favor de una gran comunidad de trabajo (sin ella, la moral de tu equipo sufrirá), pero una compañía debe tener éxito financiero o esa comunidad dejará de existir. A esto hay que añadir que si no entiendes cómo funciona realmente una empresa, puede llegar a costarte un ascenso o un aumento de sueldo. Y si eres el propietario o diriges un negocio, no entender cómo funciona puede costártelo todo. Una empresa se hundirá o saldrá a flote en función de que los miembros de su equipo tomen decisiones sólidas y acertadas.

Entonces, ¿cómo funciona realmente un negocio? Si conoces la respuesta a esta única pregunta, podrás crear una empresa, dirigirla, venderla o arreglarla. Entender cómo funciona realmente un negocio aumenta tu valor económico personal en el mercado abierto.

Por supuesto, cada compañía es diferente, pero todas comparten algunos componentes importantes. Si comprendes dichos componentes, entenderás cómo hacer que un negocio sea sano y rentable.

En los próximos cinco días, voy a guiarte a través del marco de trabajo que te enseñará cómo funciona realmente un negocio. Esta está diseñada para identificar el tipo de decisiones que hacen crecer una empresa.

Utilizando la analogía de un avión, te mostraré las partes de una compañía y cómo encajan entre sí para formar una máquina sana capaz de despegar del suelo para viajar lejos y con rapidez.

Si alguna vez has trabajado en una pequeña división de una empresa y te has preguntado dónde encajas en la gran maquinaria, este apartado te ayudará. Y una vez que puedas ver tanto el conjunto como sus partes, entenderás mejor no solo cómo guiaros a ti mismo y a tu división, sino también cómo ayudar a otros a crear y mantener un negocio que crezca en ingresos y beneficios.

DÍA VEINTIUNO

Cómo crear una estrategia – Comprende cómo funciona realmente una empresa

Un profesional valioso sabe que una empresa funciona como un avión.

¿Cómo saber si un negocio va a estrellarse o a volar?

Para responder a esa pregunta, primero hay que entender la dinámica del vuelo.

En términos muy sencillos, una empresa funciona como un avión comercial.

Para mi analogía, te mostraré cinco partes distintas que tienen que funcionar en conjunto para que el avión pueda volar. Cada parte representará un aspecto de tu negocio. Y cada parte tiene que mantenerse en proporción o la empresa se estrellará.

El cuerpo: Compartimento superior

El cuerpo del avión es, por supuesto, el lugar donde van las personas y la carga. Esta es la parte más grande del avión, pero también es el objetivo del avión. El avión existe para llevar a la gente a su destino. Esta es también la razón de ser de una empresa. Una compañía existe para resolver un problema a los clientes. A cambio de resolver dichos problemas, se intercambia dinero y los miembros del equipo obtienen puestos de trabajo, asistencia sanitaria, etc.

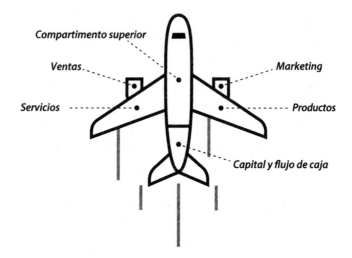

El cuerpo del avión representa tus gastos generales. Estos incluyen los salarios, las prestaciones médicas, el alquiler, el material de oficina, etc. Y son necesarios porque hacen falta personas y suministros para resolver los problemas de los clientes a cambio de ingresos.

Las alas: Productos y servicios

Las alas del avión le dan sustentación. Cuando el motor empuja a la aeronave hacia delante, la presión del aire levanta las alas del suelo, llevándose consigo el cuerpo del avión.

Tus productos y servicios son los que dan impulso a la empresa. Las alas del avión representan todo lo que tú vendes. Piensa en los productos que vendes como la parte del avión que le da sustentación. Sin productos rentables que vender, no hay aire (ingresos) que pueda levantar la aeronave del suelo.

El motor derecho: *Marketing*

Los motores empujan el avión hacia delante. En un aeroplano con un solo motor, es probable que solo tengas un presupuesto de *marketing*, pero en un avión con dos motores tienes, además, un equipo de ventas. En cualquier caso, sin algún tipo de motor que venda los productos e impulse la nave hacia delante, las alas no pueden crear sustentación. Algún tipo de sistema de *marketing* o equipo de ventas tiene que impulsar el negocio y vender esos productos.

Tu esfuerzo en *marketing* debería ser lo primero, incluso antes que las ventas. La razón es que este esfuerzo suele ser más barato, y hasta que no exista, tu equipo de ventas no tendrá un mensaje claro en el mercado que respalde sus esfuerzos.

El motor izquierdo: Ventas

Es cierto que un avión bimotor puede volar utilizando solo uno de sus propulsores, pero cuando se enciende el segundo motor, el avión se mueve con mayor impulso y consigue aún más sustentación. Ahora puede volar más rápido y más lejos, y el cuerpo del avión puede ser aún más grande, por lo que puede emplear una cantidad mayor de gente con la que resolver aún más problemas para los clientes.

El segundo motor es el esfuerzo de ventas. Tu equipo de ventas aporta aún más dinero para que el negocio pueda permitirse crecer y escalar.

Combustible: Capital y flujo de caja

Por último, el avión necesita combustible. No importa lo eficiente que sea la aeronave o lo ligera que sea, sin combustible se estrellará. Este representa el flujo de caja. Una empresa puede planear un poco cuando se queda sin efectivo, pero al final se estrellará y todos los que están a bordo de la compañía perderán sus medios de vida.

Si estás haciendo crecer un negocio, es posible que utilices préstamos o trabajes con inversores, pero el objetivo de cualquier compañía es operar finalmente con un flujo de caja positivo. Disponer de suficiente dinero en efectivo para hacer funcionar tu empresa es, con diferencia, el factor más importante para el éxito empresarial.

¿Cómo mantener el negocio en marcha?

Si las partes de un avión no están en proporción entre sí, se estrellará.

El motor derecho y el izquierdo deben producir suficiente empuje para que el avión avance, y las alas deben ser lo suficientemente grandes como para crear sustentación. El cuerpo de la aeronave debe ser lo suficientemente ligero como para poder ser levantado por el motor y las alas. Y, por supuesto, el avión debe tener la cantidad necesaria de combustible como para mantenerse en el aire.

Todos estos principios también son válidos para una empresa. Es necesario que tengas un producto (o productos) rentable que los clientes quieran, y tus esfuerzos de *marketing* y ventas tienen que ser lo suficientemente fuertes como para venderlos. Además, hay que mantener los gastos generales ligeros para que no sobrecarguen al avión, y hay que tener suficiente efectivo para pagar las facturas.

Entonces, ¿cómo tomar buenas decisiones empresariales? Recurre siempre a la analogía del avión.

Cuando un directivo quiere aumentar los gastos generales, pero no puede vincularlos a más o mejores productos o a esfuerzos de venta más fuertes y eficientes, está pidiendo que el avión sea más pesado sin aumentar la sustentación. Es una decisión arriesgada. Todas las secciones del avión deben mantenerse en proporción. Siempre.

Si quieres trasladar a los empleados a una nueva oficina de última generación en una zona cara de la ciudad, pero no tienes una línea de productos de éxito que sea demandada por los clientes, estás tomando una terrible decisión. ¿Por qué? Porque vas a hacer el cuerpo del avión más pesado sin aumentar el tamaño de las alas o aumentar la potencia de los motores.

Si sigues tomando decisiones así, el negocio se estrellará.

Basándonos en la sencilla metáfora del avión, he aquí algunas cosas que los líderes empresariales más astutos tienen en cuenta cuando dirigen una compañía o una división:

- **Se resisten a añadir costes (especialmente los recurrentes) a los gastos generales.** Los costes pueden hacer que el cuerpo del avión sea demasiado pesado y poner en riesgo la seguridad laboral de toda la plantilla.
- **Reciben informes diarios o semanales que revelan si los esfuerzos de *marketing* y ventas están siendo eficaces.** Se aseguran de que los motores izquierdo y derecho producen ventas para compensar el coste de los gastos generales.
- **Comprueban que los márgenes de beneficio de los productos que crean son lo suficientemente altos como para cubrir los gastos generales necesarios para venderlos.** Se aseguran de que cada producto cubra su coste y los gastos generales, y de que los márgenes de beneficio sean lo

suficientemente altos como para proporcionar seguridad laboral a todo el equipo.

- **Aumentan constantemente la eficiencia de su producción, ventas y *marketing*.** Los buenos líderes empresariales están obsesionados con la eficiencia. Al igual que un buen ingeniero aeronáutico, los líderes de las empresas siempre intentan crear una máquina más eficiente y rápida. En otras palabras, se aseguran de que la relación actividad-producción sea alta para que el capital llegue más lejos.

Las compañías se vuelven mucho más complicadas a medida que crecen, por supuesto, pero las cinco partes principales de un negocio nunca cambian.

Cuando se entiende el funcionamiento de una empresa, se puede analizar rápidamente lo que funciona y lo que no, y controlar la salud de la empresa.

A lo largo de los próximos cinco días, vamos a examinar cada una de las partes del avión para aprender a dirigir mejor un negocio.

Una vez que comprendas cómo funciona realmente una empresa, podrás tomar decisiones estupendas para que tu negocio, o la división de la compañía en la que trabajas, sea más fuerte y eficiente.

Este es el consejo del día de *Simplifica tu negocio*

Entiende las cinco partes de un negocio saludable para que nunca sufras una caída.

DÍA VEINTIDÓS

Cómo crear una estrategia – Mantener bajos los gastos generales

El cuerpo: Mantén la carga tan ligera como sea posible.

Cuerpo del avión

Cuando un negocio fracasa, lo hace por una razón: los gastos generales eran demasiado altos como para que las ventas los cubrieran. En otras palabras, los motores del avión eran muy débiles y las alas demasiado pequeñas como para proporcionar elevación al resto del descomunal cuerpo.

El principio de mantener los gastos generales bajos parece bastante obvio. Lamentablemente, este principio fundamental se olvida a menudo en el día a día de la empresa.

En mitad de la niebla de un año de negocios, un líder puede aprobar un viaje de investigación caro, o una expansión de infraestructura innecesaria, o duplicar los esfuerzos en el lanzamiento de un producto fallido cuando, de repente, el flujo de caja llega a cero.

Y el flujo de caja parece llegar siempre a cero de forma repentina. Nadie parece verlo venir.

Fracasos como este son comprensibles. Todos estamos tan ocupados creando un producto o imaginando lo genial que va a ser nuestra estrategia de *marketing* que nuestros gastos generales empiezan a expandirse cuando no estamos prestando atención.

¿Y qué son los gastos generales?

Hay muchas definiciones para ellos, pero esta sencilla definición es la que yo he utilizado durante años: los gastos generales son cualquier cosa implicada en el coste de hacer negocios que no está relacionada con la creación de productos, el *marketing* o las ventas.

En otras palabras, los gastos generales son todo lo que no se dedica activamente a crear el impulso que hace avanzar a la empresa o a las alas que la sostienen en el aire.

Los gastos generales son el alquiler, la atención sanitaria, los refrescos en la nevera de la oficina y las bombillas que parpadean sobre esa misma nevera. Son el salario de cualquier puesto que no esté creando un producto, comercializando o vendiendo ese producto.

Por eso, muy a su pesar, los miembros del equipo administrativo suelen cobrar menos que los que fabrican, comercializan o venden productos.

A menos que el dinero se invierta en el esfuerzo directo de ganar más dinero, ese consumo debe cuestionarse. Esta es la clave para mantener los gastos generales bajo control.

Esto no significa que podamos gastar todo lo que queramos en *marketing*, ventas y creación de productos. La verdad es que tenemos que ser esbeltos, ligeros y eficientes en todas partes. Dicho esto, un gasto que conduzca directamente a una mayor elevación va a ser aprobado mucho más rápido que un gasto que solo aumenta el peso del avión.

No hace falta decir que si tus gastos generales (cuerpo del avión) son grandes y pesados, pero tu oferta de productos es demasiado limitada (las alas son demasiado pequeñas) y tus esfuerzos de ventas y *marketing* no son fuertes (motores débiles), el avión se va a estrellar.

Tenemos que entender este principio si queremos que nuestra empresa tenga éxito.

Una forma de asegurarte de que tu producto o negocio no caiga en picado es vigilar el creciente coste de los gastos generales.

Por ejemplo, a la hora de decidir si lanzar o no un producto, un líder empresarial valioso siempre querrá saber cómo va a afectar ese esfuerzo a los gastos generales. ¿Por qué? Porque, aunque lancen un producto (lo que hará las alas más grandes), los gastos generales aumentarán casi con total seguridad (el cuerpo se hará más grande) y querrán calcular si el incremento de las alas proporcionará suficiente sustentación para el cuerpo, que por necesidad tendrá que aumentar en tamaño y peso.

Antes de que un piloto despegue, hace un cuidadoso cálculo para asegurarse de que el avión no es demasiado pesado. De hecho, si este es pequeño, a veces se retiran las maletas e incluso los clientes para garantizar la seguridad del avión.

Un líder inteligente se asegurará de que las alas del avión sean grandes, de que los dos motores sean fuertes y que el cuerpo del avión sea esbelto y ligero, porque sabe que, si no lo hace, la empresa se estrellará.

De nuevo, la cuestión es esta: mantener los gastos generales bajos es siempre una prioridad. De lo contrario, el negocio se volverá demasiado pesado y caerá en picado.

Estas son algunas de las preguntas que un estratega empresarial inteligente se planteará para mantener la empresa liviana y segura.

1. *¿A quién se le va a quitar el tiempo para crear, lanzar y vender este producto?* El tiempo es caro. Si no calculamos el tiempo que va a dedicar nuestro personal al lanzamiento de un producto, ponemos en peligro la seguridad de la empresa.

2. *¿Qué nuevas personas hay que contratar para llevar a cabo este proyecto y cuánto habrá que pagarles?* Los salarios suelen ser nuestro mayor gasto y necesitamos saber de antemano cuánto va a crecer por haber lanzado este producto. No solo esto, sino que también necesitamos saber cómo se dividen dichos salarios entre creación de productos, ventas y comercialización frente a los administrativos. Recordemos que la creación de productos, las ventas y el *marketing* contribuyen a la elevación, mientras que gran parte de la administración es un gasto general necesario.

3. *¿Cuánto aumentarán nuestros gastos generales si lanzamos este producto?* ¿Necesitaremos una oficina más grande, más atención sanitaria, un departamento de recursos humanos mayor, más esfuerzos de aprendizaje y desarrollo, etc.? En otras palabras, si ampliamos las alas del avión, ¿cuánto más grande tendrá que ser el cuerpo para soportar esas alas?

4. *¿Hay costes innecesarios que podamos reducir en este lanzamiento para que el avión no sea demasiado pesado?* Si queremos que el avión sea seguro y fiable, debemos aumentar la eficiencia y la propulsión de los moto-

res, aumentar el tamaño y la resistencia de las alas y reducir el peso del cuerpo. En otras palabras, debemos aumentar la eficiencia de todas las partes del conjunto. Siempre.

Este es el consejo del día de *Simplifica tu negocio*

Para crear un negocio seguro que crezca, clasifica tus gastos en cuatro categorías principales: creación de productos, ventas, *marketing* y gastos generales.

DÍA VEINTITRÉS
Cómo crear una estrategia – Hacer y vender los productos adecuados

Las alas: ¿Son rentables los productos que vendemos y hay siquiera demanda para ellos?

Es fácil confundirse sobre qué productos debemos crear y a qué productos debemos asignar los valiosos recursos de ventas.

A menudo, este asunto se reduce a decisiones emocionales. Nos encanta el equipo que quiere crear el producto «X» y, para ser sinceros, les debemos un favor. O bien, en la última reunión de liderazgo insistimos en la importancia de crear el producto «Y» y, aunque las ventas son bajas, tenemos que seguir adelante con esa decisión empleando más recursos o parecerá que hemos tomado una mala decisión. O peor aún, tenemos la oportunidad de generar ingresos rápidos si nos centramos un poco en el producto «Z» y Dios sabe que tenemos que pagar las facturas.

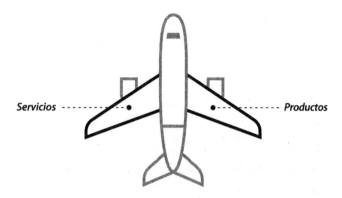

Ninguna de ellas es una buena razón para crear un producto o asignarle los valiosos recursos de ventas y *marketing*.

Los productos que se crean son las alas del avión. Cuando vendemos esos productos, el avión se eleva y nos permite volar.

A la hora de elegir aquellos en los que centrarse, conviene seleccionar productos que tengan dos características fundamentales:

1. **Que sean ligeros.**
2. **Que sean fuertes.**

¿Qué quiero decir con esto?

1. **Ligeros:** Se pueden vender con un beneficio considerable o con un beneficio menor pero en mayor cantidad.
2. **Fuertes:** Hay una fuerte demanda del producto en el mercado.

En otras palabras, independientemente de nuestra opinión sobre un producto, solo invertiremos en aquellos que sean rentables y en demanda. Eso es todo. Si no lo hacemos, estamos poniéndole alas pequeñas y débiles a nuestro avión y eso nos llevará a un accidente.

A la hora de decidir si crear o no un producto, venderlo o incluso comprar una empresa que lo fabrica, la rentabilidad y la demanda son las consideraciones más importantes. Repito, si un producto no tiene demanda o no es rentable, las alas de tu avión serán endebles y débiles. No soportarán la sobrecarga del avión y este se estrellará.

Estos criterios también son importantes para racionalizar tu oferta de productos. Hace años, la empresa pudo haber necesitado dinero en efectivo y decidió vender el producto «X» por 500 dólares. El flujo de caja mejoró durante un tiempo hasta que, de repente, se volvió al punto de partida. ¿Por qué? Porque la producción del producto costaba 425 dólares y el beneficio de 75 no era suficiente para cubrir los gastos generales.

Ese producto no era precisamente ligero. No tenía un margen de beneficio lo suficientemente grande.

Otro producto puede haberse creado porque un cliente dijo que sería muy buena idea sacarlo al mercado. Prometió que lo compraría si existiera. Así que tu compañía se gastó una gran cantidad de capital para sacarlo al mercado, únicamente para darse cuenta de que solo había una persona en el mundo que lo quisiera. No había ninguna verdadera demanda.

Fue una mala decisión, no porque el producto no fuera rentable, sino porque la demanda no era lo suficientemente alta.

Basándonos en estos criterios, quizá sea el momento de hacer una limpieza en la empresa que diriges. ¿Hay productos que estés vendiendo en la actualidad que no sean rentables? ¿Los hay que estás almacenando y que claramente ya no tienen demanda?

Puedes reforzar rápidamente las alas de tu avión si eliminas los productos que no son rentables o no tienen demanda y los sustituyes por otros que sí lo son.

Algunos son, por supuesto, líderes en pérdidas, lo que significa que vendes muchos de ellos al costo o por debajo del costo para poder vender otros artículos más adelante. Si ese es el caso, ese producto tiene un pase.

Pero ten cuidado. Una mejor estrategia sería crear productos que lleven a ventas adicionales que también tengan demanda y sean rentables.

Analiza los productos que vendes. ¿Son fuertes y ligeros? ¿Hay demanda? ¿Son rentables?

Si no es así, racionaliza tu oferta de productos para no malgastar valiosos gastos generales y energía impulsando productos que no apoyan el ascenso del avión.

Para que sean seguras y aptas para el vuelo, las alas deben ser fuertes y ligeras. En un negocio, los productos deben tener demanda y ser muy rentables.

Este es el consejo del día de *Simplifica tu negocio*

Para aumentar los ingresos y los beneficios de tu empresa, analiza si los productos que vendes tienen demanda y son rentables.

DÍA VEINTICUATRO
Cómo crear una estrategia – Prioriza el *marketing*

Motor derecho/*marketing*: Prueba cómo vas a comercializar el producto.

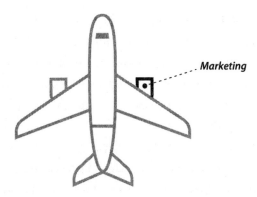

Marketing

Una de mis películas favoritas de todos los tiempos es *Campo de sueños*. En la película, Kevin Costner interpreta a un granjero al que una voz misteriosa le dice que construya un campo de béisbol en su maizal. La voz susurra una y otra vez: «Si lo construyes, vendrán». En la película, él lo construye y ellos acuden.

Que yo sepa, esa película de ficción es el único ejemplo de algo que atrajo la atención solo por ser construido. Desgraciadamente, casi todo lo demás en la vida tiene que construirse y luego ser promocionado con una campaña de *marketing*.

He aquí una regla: si no atraes a la gente a lo que has construido, no vendrán.

Si crees que tu negocio prosperará simplemente porque tienes un gran producto, te equivocas. Hay demasiados productos excelentes en el mercado. Las empresas que prosperan son las que dominan el arte de hablar a los clientes de lo que les ofrecen.

Más adelante en este libro, dedicaré una semana entera a hablar de cómo construir una campaña de *marketing* exitosa, pero por ahora déjame darte un simple consejo para que sepas cómo poner a prueba un producto para ver si una campaña así funcionará en primer lugar. Aquí lo tienes:

Antes de lanzar un producto, pido al departamento de *marketing* que construya una *landing page* (página web de promoción) para dicho producto, de modo que esta me permita sondear el interés que genera.

Literalmente, tengo un sitio web construido como si el producto existiera y luego hago encuestas a los clientes potenciales para consultar su interés. En lugar de colocar un botón de «comprar ahora» en la página, pongo un botón de «unirse a la lista de espera» para ver cuántas personas hacen clic en el botón.

Y no me refiero solo a una *landing page* esquemática de uso teórico; hablo de una página real y oculta en la web que se parece exactamente a la página que construiríamos si el producto ya existiera.

Construir el material de *marketing* antes incluso de que el producto exista consigue dos cosas:

1. **Te ayuda a clarificar tu lenguaje de *marketing*.** Construir la página de ventas del producto te ayuda a crear y revisar el lenguaje que despertará el interés del cliente. Construye la página, habla de ella como miembro del personal y comparte la página con un grupo selecto de clientes potenciales para obtener comentarios.

2. **Confirma el interés del consumidor.** Una vez que hayas aclarado tu lenguaje de *marketing*, puedes lanzar la página al público o a un grupo selecto de clientes para que realicen pedidos anticipados. Colocar la opción de hacer pedidos anticipados es una buena manera de generar

entusiasmo por el producto y averiguar si la gente está interesada en primer lugar.

Tu *landing page* es un borrador, por supuesto, pero debe crearse como si fueras a lanzar el producto al mercado. Hay que tener en cuenta todos los detalles.

Poner a prueba tu lenguaje de *marketing* es como hacer pruebas con un motor antes de conectarlo al cuerpo del avión. La mayoría de las empresas esperan hasta el último momento para preparar sus ideas de *marketing* porque su energía se está empleando en crear el producto en sí, pero sin el lenguaje y el plan de promoción adecuados, nadie se sentirá atraído por el producto una vez sea construido. Así que, ¿por qué no probar primero el motor?

Si creas una página de ventas de prueba con antelación, ganarás más confianza en tu forma de hablar del producto y en si tendrá éxito o no al salir al mercado. También hará que tu equipo (o plan) de *marketing* esté preparado con mucha antelación al lanzamiento, de modo que no tendrá que esperar hasta el último momento para asegurarse de que este motor crítico proporcionará el suficiente empuje al avión.

Por supuesto, tienes que asegurarte de que puedes construir el producto sin problemas antes de vendérselo a los clientes. Dicho esto, hay veces en que los pedidos son tan bajos que hay que hacer devoluciones y el lanzamiento del producto debe cancelarse; de lo contrario, corres el riesgo de estrellar el avión.

Quiero reiterar que más adelante en este libro dedicaremos una semana entera a hablar de cómo crear un plan de *marketing* que funcione. Por ahora, sin embargo, considera la posibilidad de poner a prueba los productos antes de lanzarlos como una forma de protegerte de cometer errores peligrosos.

> **Este es el consejo del día de *Simplifica tu negocio***
>
> Crea una página de ventas de *marketing* para poner a prueba tu lenguaje de promoción y medir el interés en un producto incluso antes de que este exista.

DÍA VEINTICINCO
Cómo crear una estrategia – Maneja un sistema de ventas

Motor izquierdo/ventas: crea una ruta paso a paso que tus clientes puedan seguir para realizar una compra, y controla el progreso de cada cliente potencial.

Para que el motor de ventas de nuestro negocio produzca impulso, vamos a necesitar una infraestructura y un sistema de ventas.

No basta con contratar a un vendedor y dejar que vaya por libre. Ese vendedor necesita una ruta por la que guiar a los clientes y cierta responsabilidad personal si quiere sobresalir.

Más adelante, dedicaremos una semana completa de este libro a aprender el marco de trabajo de *Simplificar las ventas* pero, por ahora, pregúntate cuánto más produciríais tú, tu vendedor o todo tu equipo de ventas si tuvierais una ruta paso a paso por la que pudierais guiar a los clientes junto con métricas que os permitieran saber qué clientes están en qué etapas del proceso de compra.

El objetivo, por supuesto, es cerrar más negocios. Deberías establecerte objetivos semanales y mensuales que motiven a los profesionales de ventas a guiar a más clientes por esa ruta.

Así es como debe funcionar tu departamento de ventas:

Una ruta paso a paso

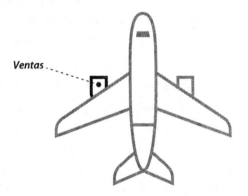

Todo equipo de ventas necesita una serie de pasos para llevar a un cliente potencial a cerrar un trato. Dicha serie puede ser tan sencilla como esto:

1. Califica al cliente potencial.
2. Envía información al cliente potencial y programa una llamada.
3. Participa en un encuentro inicial.
4. Envía una propuesta en la que se destaquen los temas de conversación predeterminados.
5. Entra en la secuencia de cierre del trato.

Hay muchas maneras de estructurar la ruta, pero el simple hecho de tener una te permitirá establecer objetivos y supervisar el progreso de cada cliente potencial. Como he mencionado previamente, más adelante detallaré el marco de trabajo de Simplificar las ventas, que proporcionará una guía fácil paso a paso, pero lo más importante es predeterminar en qué dirección quieres llevar a los clientes y ser capaz de contar el número de clientes potenciales en cada etapa del camino.

Hay varias herramientas de software que puedes utilizar para controlar qué clientes potenciales están en qué fase de la relación. La cuestión es la siguiente: cuando creas una ruta paso a paso para interactuar con estos clientes potenciales, acabas conociendo mejor sus necesidades y, por lo tanto, entabláis relaciones más significativas, ayudas a más clientes a resolver sus problemas y cierras más ventas.

¿Tienes una guía paso a paso que encamina a los clientes hacia el cierre de una venta? ¿Y sabes en qué fase se encuentra cada cliente para poder interactuar con él o ella de la manera más útil posible? Si no es así, crea un sistema de ventas y atiende a más clientes al mismo tiempo que aumentas los ingresos totales.

Este es el consejo del día de *Simplifica tu negocio*

Incrementa las ventas creando una guía paso a paso que tus clientes puedan seguir. A continuación, supervisa el progreso de cada cliente potencial.

DÍA VEINTISIETE
Cómo crear una estrategia – Protege el flujo de caja

Combustible: Vigila de cerca el flujo de caja, porque si te quedas sin dinero, el negocio caerá en picado.

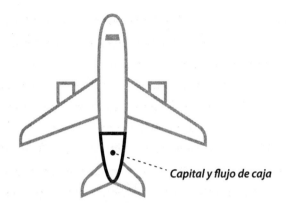

Capital y flujo de caja

Se puede tener un avión perfectamente sano con gigantescas y fuertes alas, una carrocería estilizada y ligera, con dos potentes motores, y aun así sufrir un horrible accidente si te quedas sin combustible.

En un negocio, el dinero accesible en el banco es tu gasolina. Si no tienes un flujo de caja fuerte, el avión se estrellará pase lo que pase.

En cada decisión que tomemos, es importante preguntarnos cómo afectará esa decisión al flujo de caja. Si un nuevo producto va a requerir una enorme cantidad de investigación y desarrollo, seguida de una costosa producción y un largo ciclo de ventas, estamos decidiendo volar con un viento en contra que va a agotar nuestro combustible rápidamente. Esa decisión debe tomarse con cuidado.

Un número asombroso de líderes empresariales se guían por su instinto para saber si tienen o no el capital necesario para impulsar cualquier proyecto en el que quieran embarcarse. Pero un buen piloto nunca se fiaría de algo así para saber si tiene suficiente combustible.

De hecho, cualquiera que haya tomado un par de clases de vuelo sabe que, antes de despegar, ni siquiera debes fiarte del indicador de combustible. Te subes literalmente al ala y utilizas un instrumento para asegurarte, físicamente, de que hay combustible en esos depósitos.

He aquí siete preguntas financieras que hay que hacerse antes de tomar una decisión empresarial importante:

1. ¿Cuánto dinero necesitaremos para crear este producto antes de lanzarlo?
2. ¿Cuál es el margen de beneficio de este producto? ¿Será capaz de devolver dinero a las arcas?
3. ¿Cuándo empezaremos a ganar dinero con este producto?
4. ¿Cómo afectará el lanzamiento a nuestras otras fuentes de ingresos? ¿Reducirá las ganancias de otras fuentes?
5. ¿Perder dinero con este producto genera ventas y beneficios en otros lugares? Si es así, ¿cuánto?
6. ¿Cómo podemos hacer que este producto sea más rentable?
7. ¿Qué iteraciones de este producto podríamos vender por más dinero?

Utiliza estas preguntas para estimular la reflexión sobre cada una de tus fuentes de ingresos. Asegúrate también de utilizarlas para obtener cifras reales. Si no llegas a las cifras reales, lo único que vas a tener es la esperanza de que tu cantidad de combustible sea suficiente. Los números reales te dirán si puedes hacer el viaje o no. Ellos no mienten.

No hay nada que haga saltar la alarma a tu jefe más rápido que una conversación en la que resulte obvio que no entiendes el flujo de caja. Las decisiones deben tomarse únicamente en función de su capacidad para afectar directa o indirectamente a la cantidad de dinero que entra en la empresa.

Llamo a esta línea de pensamiento el «filtro de combustible», porque cada decisión tiene que ser filtrada a través de la pregunta «¿cómo afectará esto al efectivo?».

¿Pasas cada decisión por el filtro del combustible, preguntándote cómo afectará la acción en concreto a la capacidad de la empresa para mantener un flujo de caja saludable?

Este es el consejo del día de *Simplifica tu negocio*

En cada decisión que tomes, pregúntate cómo afectará esta al flujo de caja.

Un profesional valioso

* Aumenta tu valor económico personal dominando cada competencia básica.

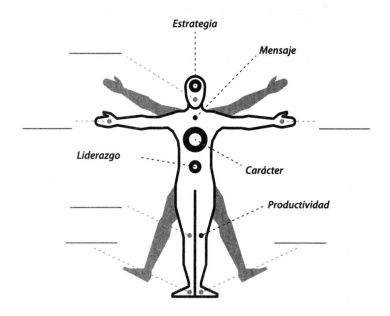

CAPÍTULO CINCO

EL MENSAJE SIMPLIFICADO

Cómo (y por qué) aclarar tu discurso de marketing

INTRODUCCIÓN

Ahora que hemos establecido el carácter de un profesional competente, que hemos aprendido a proyectar una visión, a ser más productivos personalmente y que hemos llegado a comprender cómo funciona realmente una empresa, es el momento de aprender a aclarar un mensaje.

Todos esos proyectos en los que estamos trabajando no irán a ninguna parte a menos que podamos explicar su importancia a los clientes en un discurso de *marketing* que atraiga a los compradores.

Los clientes no solo se sienten atraídos por un buen producto, sino también por un mensaje claro que describa dicho producto.

En las dos siguientes secciones del libro, te enseñaré a aclarar un discurso de *marketing* y a crear un embudo de ventas utilizando las frases pegadizas que generes a partir de ese proceso de aclaración.

Cualquier profesional que sepa dejar claro un mensaje de *marketing* vale miles de veces más en el mercado. ¿Por qué? Porque un mensaje claro es lo que vende el producto.

Lo más difícil como profesional es conseguir la atención de la gente, pero en los próximos cinco días te voy a enseñar cómo hacerlo. Te voy a enseñar a atraer a los clientes con un mensaje claro y convincente.

Si puedes explicar con claridad qué tipo de vida mejor le espera a la gente cuando compra tu producto, venderás más.

En los próximos cinco días, voy a enseñarte a crear varias frases pegadizas estratégicas que harán que los clientes quieran comprar lo que les vendes.

Una vez que has establecido las frases pegadizas o eslóganes, las puedes repetir una y otra vez como si estuvieras haciendo al mundo partícipe de un ejercicio de memorización. Eso es lo que hacen los especialistas en *marketing*. Guían al mundo a través de un ejercicio de memorización. Los aficionados dicen lo que piensan, pero los profesionales valiosos guían los pensamientos de la gente repitiendo disciplinadamente las frases que invitan a los clientes a comprar un producto que cambiará sus vidas para mejor.

Una vez creados los eslóganes, puedes anotarlos en el esquema de la figura 5.1.

La red tendrá más sentido una vez hayas experimentado durante los próximos cinco días. Puedes crear tu propia estructura de mensajes utilizando una herramienta de uso gratuito que he creado en MyStoryBrand.com

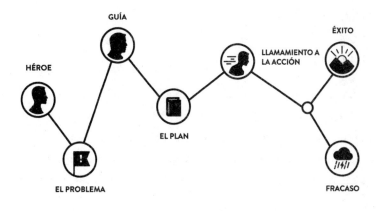

FIGURA 5.1

Una vez que entiendas cómo aclarar un mensaje, podrás utilizarlo para crear material de *marketing*, dar mejores discursos, diseñar una magnífica presentación o incluso contar la historia de por qué tu trabajo es importante para el mundo. En resumen, una vez que creas un mensaje claro, puedes impactar positivamente en el mundo a través de tu negocio.

¿Eres capaz de decir con claridad cómo tus productos cambian la vida de las personas? ¿Tienes frases que hacen que la gente quiera saber más, o incluso hacerte una compra? Cuando intentas diseñar un sitio web o escribir un discurso, ¿te sientes atascado?

En los próximos cinco días, te presentaré el borrador de discursos de StoryBrand que te ayudará a aclarar tu mensaje, para que la gente te pueda escuchar de verdad.

DÍA VEINTISIETE
Cómo aclarar tu mensaje – Utiliza el relato para atraer a los clientes

Cuando aclares tu mensaje, utiliza el poder del relato.

La persona promedio pasa el 30 % de su tiempo soñando despierta. De hecho, gran parte del tiempo que pasamos hablando con otras personas, escuchando discursos, consultando nuestros teléfonos e incluso comiendo, estamos completamente desconectados.

Soñar despierto y desconectar no son cosas malas. De hecho, soñar despierto es un mecanismo de supervivencia. Cuando lo hacemos, estamos conservando energía mental por si la necesitamos más tarde para una situación de emergencia. Literalmente, si algo no es interesante, tu mente te pondrá en modo de ensoñación para que no uses la energía que podrías necesitar más adelante si te encuentras con una amenaza.

Lamentablemente, esto significa que la mayor parte del tiempo que estamos tratando de explicarle algo importante a alguien, él o ella está luchando contra la tentación de soñar despiertos.

A menos que...

La única herramienta conocida por el hombre que puede impedir que la gente sueñe despierta es un relato. Cuando empezamos a escuchar una historia, dejamos de soñar despiertos y prestamos atención.

Los relatos son así de poderosos.

Sin embargo, la mayoría de la gente no sabe cómo contar una historia y, desde luego, no sabe cómo filtrar su mensaje a través de los antiguos elementos de un relato para conseguir captar la atención de la gente.

Para ti, eso cambia hoy. Te voy a enseñar una fórmula para contar un relato y luego pasaré la próxima semana desmenuzando esa fórmula para que puedas crear grandes mensajes de *marketing*, hacer presentaciones increíbles y llamar la atención. Allá vamos...

Un personaje que quiere algo: Una buena historia comienza con un personaje. Cuando aparece en la pantalla, en pocos minutos tenemos que saber qué quiere. Lo que el personaje desea tiene que estar claramente definido. Él tiene que querer casarse con la mujer. Ella tiene que querer desactivar la bomba. Sea lo que sea, tiene que ser específico o perderemos a la audiencia.

El personaje se encuentra con un problema: Para empezar, no podemos dejar que el personaje consiga lo que quiere inmediatamente o la historia no será interesante. Tenemos que definir algún tipo de problema con el que el personaje tenga que lidiar. Ese conflicto es la clave. Si no lo definimos, la gente dejará de prestar atención.

El personaje se encuentra con el guía: Más adelante, nuestro héroe conoce a otro personaje, al que llamaremos guía, que ha superado el mismo problema al que se enfrenta el héroe. Será el guía quien ayude entonces al héroe a superar su obstáculo y salir victorioso.

El guía da un plan al héroe: A continuación, el guía aconseja al héroe y le presenta un plan que puede utilizar para superar su problema. Por lo general, dicho plan se desarrolla en una serie de pasos que definen el viaje que el héroe tiene que hacer para tener éxito.

El guía llama al héroe a la acción: Tras exponer el plan, el guía desafía al héroe a pasar a la acción. Debe dar un paso hacia la solución de su problema y la superación de su desafío. Los héroes no se ponen manos a la obra hasta que el guía los desafía a hacerlo.

Definir lo que está en juego – el éxito: Una vez que el héroe pasa a la acción, debe haber algo en juego en la historia o esta se vuelve aburrida. ¿Cómo será la vida si el héroe sale victorioso? ¿Se casará con la chica? ¿Salvará ella al pueblo? El narrador debe mostrar cómo será la vida si todo sale bien.

Definir lo que está en juego – el fracaso: Es igualmente importante que el público sepa cómo será la vida del héroe si no triunfa. ¿Se quedará solo para siempre? ¿Habrá gente en el pueblo que pierda la vida? Si no le puede pasar nada malo a nuestro héroe, la historia se vuelve sosa y aburrida. Debe existir la posibilidad de que se ganen o pierdan cosas o, de lo contrario, la historia no enganchará al público.

Siempre que hagas una presentación (compartiré más consejos sobre cómo hacer presentaciones en una sección posterior de este libro), o estructures un sitio web, utiliza esta sencilla fórmula para atraer a tu audiencia.

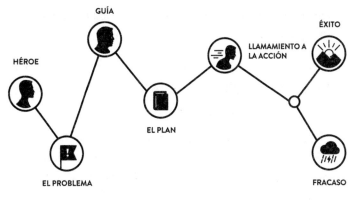

FIGURA 5.1

Por ejemplo, esta es la fórmula del relato utilizada por un pastelero para vender un pastel de bodas:

Un personaje que quiere algo: Toda novia quiere un pastel de bodas hermoso que refleje la importancia del momento.

El personaje se encuentra con un problema: El problema es que la mayoría de los pasteles de boda saben fatal y dejan literalmente un mal sabor de boca a los invitados.

El personaje se encuentra con el guía: En Eighth Street Bakery, nos hemos cansado de los pasteles de bodas que saben mal y hemos desarrollado un proceso en el que estos magníficos pasteles pueden tener un sabor fantástico.

El guía da un plan al héroe: Para trabajar con nosotros, basta con pedir cita, pasar por la tienda para una prueba de sabor y programar la entrega de su pastel.

El guía llama al héroe a la acción: Programe su cita hoy mismo.

Definir lo que está en juego – el éxito: Si lo hace, sus invitados quedarán asombrados por la belleza de su pastel y no dejarán de repetir.

Definir lo que está en juego – el fracaso: No deje que tu pastel sea una decepción con mal sabor. Pide una cita hoy mismo.

Eso sí que es una charla promocional. Y ese lenguaje puede utilizarse en presentaciones, sitios web de *marketing*, correos electrónicos e incluso en un vídeo. Una vez que sepas cómo funcionan los relatos, podrás aclarar cualquier mensaje para que la gente escuche.

En los próximos cuatro días, analizaremos más detenidamente estos elementos del relato y te ayudaremos a elaborar un mensaje cada vez más claro. Sea cual sea el proyecto en el que estés trabajando, ser capaz de hablar de él de forma cautivadora atraerá los recursos que necesitas para que el proyecto sea un éxito.

Este es el consejo del día de *Simplifica tu negocio*

Debes saber filtrar tu mensaje de *marketing* a través de los elementos de un relato para atraer a la audiencia.

DÍA VEINTIOCHO
Cómo aclarar tu mensaje – Sitúa a tu cliente como el héroe

Cuando aclares tu mensaje de *marketing,* no te posiciones nunca como el héroe. Siempre debes posicionarte como el guía.

En los relatos, los héroes no son los personajes más fuertes. De hecho, suelen estar poco dispuestos a pasar a la acción, llenos de dudas, preocupados porque la historia no vaya a salir bien y a menudo necesitan ayuda desesperadamente.

En los relatos, los héroes son personajes débiles que se hacen fuertes.

Sin embargo, en la mayoría de estas historias hay otro personaje que ya es fuerte. El guía existe para ayudar al héroe a ganar. Por eso, siempre que aclaremos nuestro mensaje, queremos posicionarnos como el guía, no como el héroe.

Hacerse el héroe en la vida es estupendo. De hecho, todos somos héroes con objetivos que intentamos conseguir. Pero en los negocios, debes cambiar de rol y hacer de guía. Los guías existen para ayudar a los héroes a ganar, y por eso existen las empresas. Están ahí para resolver los problemas de los clientes, ayudarles a ganar y transformarles en una versión mejor (o más equipada) de sí mismos.

Una persona normal desempeña muchos roles cada día. Por la mañana, mientras revisa su plan de vida y planifica la jornada, hace de héroe. Luego, mientras ayuda a sus hijos a prepararse para la escuela, desempeña el papel de guía, ya que apoya a sus hijos a ser la mejor versión de sí mismos.

Más tarde, en la oficina, sigue interpretando al héroe mientras aborda sus tareas diarias. Pero en cuanto coge el teléfono para hablar con un cliente se convierte en el guía.

Para lograr mucho en la vida, haz de héroe, pero cuando estés con clientes, haz siempre de guía y nunca de héroe. ¿Por qué? Porque los clientes buscan a alguien que les aconseje y que les ayude a triunfar. No buscan a otro héroe.

Algunos de nuestros personajes favoritos del cine son en realidad los guías. En *La guerra de las galaxias*, Yoda y Obi-Wan ayudan a Luke y sus amigos a luchar contra el malvado imperio. Y en *Los juegos del hambre*, Haymitch ayuda a Katniss a sobrevivir y triunfar.

Los guías son los personajes más fuertes de la historia porque ya han superado los mismos retos que los héroes deben enfrentar ahora. Eso significa que tienen experiencia, están equipados y saben cómo ganar.

En la vida, las personas necesitadas (que a veces somos todos nosotros) no están buscando a otros héroes, sino guías. Así que, si una marca, un producto o un líder se posicionan como el héroe y no como el guía, los clientes suelen pasar de largo y preferir otra marca, líder o producto.

¿Cuál es la diferencia entre posicionarse como héroe y hacerlo como guía? El primero cuenta su propia historia, mientras que el segundo entiende la historia del héroe y se sacrifica para ayudarle a ganar.

Los guías son fuertes, seguros de sí mismos y saben cómo derrotar al villano. Ellos aconsejan al héroe en su viaje.

Sitúa tu marca, tu proyecto o a ti mismo como guía y la gente seguirá tu ejemplo.

¿Cómo te posicionas como guía? Estas son las dos características de un guía competente:

1. **Empatía.** El guía comprende el reto del héroe y se identifica con su dolor. Se preocupa por el héroe.
2. **Autoridad.** El guía es competente para ayudar al héroe a resolver su problema. Sabe lo que hace.

La forma más efectiva de comunicación como profesional es decir: «Sé qué es lo que te está dando problemas y puedo ayudarte a salir de esa situación».

Cuando estés aclarando tu mensaje para crear material de *marketing*, dar un discurso, presentar un producto, o incluso durante una reunión, haz de guía siendo empático con los problemas de tu audiencia y muéstrate competente a la hora de ayudarles a superar dichos problemas.

> **Este es el consejo del día de** *Simplifica tu negocio*
>
> Cuando aclares tu mensaje, sitúate a ti mismo, a tus productos y a tu marca como guías, no como héroes.

DÍA VEINTINUEVE
Cómo aclarar tu mensaje – Habla del problema de tu cliente

Cuando aclares tu mensaje de *marketing*, debes saber que el problema es el gancho.

Un relato no se pone realmente en marcha hasta que el personaje principal se encuentra con un problema. Puedes decirnos el nombre del personaje, dónde vive, con quién sale y qué quiere, pero hasta que no aparezca un problema que le suponga un desafío, el público se preguntará cuándo va a empezar la historia.

Entonces, ¿cómo se traduce esta verdad de los relatos a los negocios?

Significa esto: hasta que no empieces a hablar de tu producto o de tu marca como la solución al problema de alguien, no estarán interesados.

El problema es el gancho. Hasta que el narrador no introduce el reto al que se enfrenta el protagonista, el público se queda sentado preguntándose de qué va el relato.

Piénsalo. La película solo se vuelve interesante cuando entendemos que Jason Bourne no tiene ni idea de quién es. Y si Frodo hubiera podido destruir el anillo con simplemente tirarlo a la basura de su pequeña cocina, no tendríamos historia. Todo relato consiste en que el héroe supere el *conflicto*. ¿Por qué? Porque el conflicto es a lo que el público presta atención.

¿Qué significa esto para nuestro mensaje de *marketing*? Significa que tenemos que seguir hablando de los problemas de nuestros clientes o no se interesarán por nuestros productos.

Si estás creando puntos centrales para la presentación de un producto, asegúrate de definir el problema exacto que resuelve. ¿Qué dolor está haciendo desaparecer? ¿Qué obstáculo estás eliminando? ¿A qué villano estás derrotando? Hazte estas preguntas y la respuesta revelará por qué vale la pena comprar tu producto.

Cuanto más hables del problema que resuelves, más valor atribuirás a tu producto o servicio.

Lamentablemente, la mayoría de los profesionales cuentan su historia cuando quieren aclarar su mensaje. Hablan de cómo su abuelo fundó la empresa y del tiempo que llevan en el negocio. Pero estas son palabras desperdiciadas. Lo primero de lo que debería hablar cualquier profesional es del problema que él o su producto pueden resolver. Hasta que no hablen del problema, la gente se preguntará si deberían escucharlos.

¿Qué problema resuelves tú? ¿Qué problema resuelve la división de la empresa en la que trabajas? ¿Qué problema resuelve tu producto? Define este problema y la gente empezará a escucharte.

> **Este es el consejo del día de *Simplifica tu negocio***
>
> Cuando aclares tu mensaje de *marketing*, define el problema que resuelves.

DÍA TREINTA
Cómo aclarar tu mensaje – Crea una llamada a la acción clara

Cuando aclares tu mensaje de *marketing*, define qué acción quieres que realice tu público.

Un mensaje claro inspira la acción.

Un mensaje claro no cambia el mundo. La acción que la gente toma después de escuchar un mensaje claro es lo que verdaderamente produce el cambio.

El mundo que conocemos no lo construyeron personas que se quedaban sentadas mirándose el ombligo; lo construyeron personas que fueron inspiradas a actuar. Durante la Segunda Guerra Mundial, los soldados del frente británico solo se animaban a seguir luchando gracias a los discursos semanales de su primer ministro, Winston Churchill. Después de ver cómo mataban a sus amigos y cómo disminuía la esperanza, fueron los mensajes semanales de Winston Churchill y sus llamamientos a la acción los que los mantuvieron en pie.

En un buen relato, el guía debe pedir con seguridad al héroe que actúe o este perderá la confianza en sí mismo y fracasará.

¿Por qué? Porque cuando el guía no consigue transmitir seguridad cuando pide a la gente que actúe, el oyente empieza a dudar de la competencia del guía. ¿Puede o no puede sacar al héroe de este apuro?

Obi-Wan Kenobi no puede sugerirle educadamente a Luke que «use la fuerza como una opción potencial»; debe declarar con convicción la dirección en la que debe ir Luke, debe decirle que «use la fuerza», sin medias tintas.

El público puede oler si tú crees o no en tus ideas o en tus productos. O tienes una solución o no la tienes. O tienes confianza en ti mismo o no la tienes. O puedes ayudarles en su viaje o no. Si no puedes, les pedirás educadamente que compren tu producto de tal manera que parezca que estás pidiendo caridad (porque lo estás haciendo). En cambio, si puedes ayudarles, les dirás que compren tu producto o utilicen tu servicio porque no quieres que sigan teniendo problemas lidiando con su obstáculo.

Muchos profesionales no entienden el poder de la competencia y la confianza en uno mismo. Si realmente tienes una solución para los problemas de la gente, y tienes la seguridad de invitar a la gente a esa solución, deberías mantener esa confianza en ti mismo.

La verdad es que, si le dices confiadamente a la gente lo que tiene que hacer para resolver un problema, lo harán, pero si en su lugar lo sugieres tímidamente, lo más probable es que no lo hagan.

Hace años, impartí un taller de comunicación de StoryBrand a unos doscientos líderes empresariales. Me animo mucho cuando estoy en un aula. Sinceramente, fui diseñado para ser profesor y me encanta encontrar formas de exponer un punto sin usar un libro de texto o una diapositiva de PowerPoint. Le dije a la audiencia que tenía una lección muy importante que darles, pero que lo iba a hacer fuera del edificio, en la acera de la calle.

Pedí al grupo que se levantara y me siguiera por la puerta. Los doscientos empresarios se levantaron lentamente, algo confusos, y salieron por la puerta, atravesaron el vestíbulo y llegaron a la acera. Entonces me subí a una caja, cogí un megáfono y me dispuse a presentarles la lección que les había querido impartir.

Dije a la multitud en la acera: «Recordad siempre esto. La gente irá adonde tú les digas que vayan».

La clase se rio y negó con la cabeza, y luego volvimos a entrar lentamente en el edificio.

Esta era la verdadera lección que quería que mi clase entendiera: si no le dices a la gente lo que tiene que hacer, no hará nada. Si no terminas un discurso con una clara llamada a la acción, la gente no actuará. Si no das a la gente instrucciones paso a paso en tu sitio web, no se moverán ni un ápice.

Cuando crees los puntos centrales que conforman tu claro mensaje, incluye una fuerte llamada a la acción; de lo contrario, nunca cambiarás el mundo.

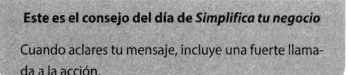

Este es el consejo del día de *Simplifica tu negocio*

Cuando aclares tu mensaje, incluye una fuerte llamada a la acción.

DÍA TREINTA Y UNO
Cómo aclarar tu mensaje - Define lo que está en juego y crea urgencia

Cuando aclares tu mensaje, asegúrate de definir lo que está en juego.

Cuando era niño, mi madre nos llevaba a mi hermana y a mí al cine de descuento los viernes por la noche. Pagaba un dólar por cada uno de nosotros, y luego otro dólar por las palomitas y una Coca-Cola. Éramos pobres, que conste, así que ir al cine era algo importante.

Sin embargo, te juro que no elegiría cambiar mi infancia por una más rica si significara cambiar esas experiencias. Fueron casi mágicas.

Fue en ese cine de descuento donde me enamoré de los relatos. Por supuesto, veíamos esas películas un par de meses más tarde que las familias ricas, pero qué más da. Las películas eran increíbles. ¿Lograría Elliot que E.T. volviera a casa? ¿Destruiría Luke la Estrella de la Muerte? ¿Vencería Rocky a Apollo Creed?

Tuve vivencias increíbles sentado en ese cine cuando era niño. Esas experiencias me llevaron más tarde a estudiar historias, a escribir libros y mi propio guion de cine, y mucho más tarde a ayudar a más de un líder a elaborar mensajes que importan.

Entonces, ¿qué hizo que todos esos relatos fueran tan geniales? Pues bien, lo mismo que me hizo ponerme de pie sobre mi asiento y lanzar palomitas al aire al final de *Karate Kid* cuando tenía doce años es lo mismo que te ayudará a cautivar a los clientes con un gran relato: aquello que está en juego. ¿Podría Daniel vencer al matón y ganar el torneo de karate con una pierna herida? Resultó que sí.

¿Quieres que la gente esté tan enganchada a ti y a tu marca como lo estaba yo con *Karate Kid*? ¿Quieres diferenciarte como líder? ¿Quieres que tu producto sea importante en el mercado? ¿Quieres que tu marca destaque en un mercado saturado?

Si es así, debes definir lo que está en juego si el público elige a otra persona en lugar de a ti.

Si no defines lo que está en juego, te desvanecerás de la memoria más rápido que una de esas películas alemanas en blanco y negro que optan por ser artísticas en lugar de interesantes.

¿Qué está en juego si compramos o no tu producto? ¿Qué podemos ganar o perder si elegimos otra marca en lugar de la tuya?

Si no hay nada en juego, no hay relato. Dedica algún tiempo a responder a estas preguntas:

1. ¿Cómo será la vida de la gente si se involucran en el relato al que les invito?
2. ¿Cómo será la vida de la gente si no se involucran en el relato al que les invito?

Define lo que está en juego y tu historia se volverá muy, muy interesante.

Este es el consejo del día de *Simplifica tu negocio*

Cuando aclares tu mensaje de *marketing,* define lo que puede ser ganado o perdido si la gente no se involucra en el relato al que les estás invitando.

Un profesional valioso

* *Aumenta tu valor económico personal dominando cada competencia básica.*

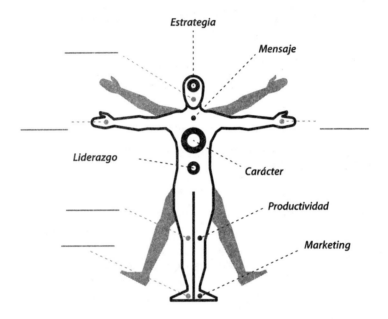

Estrategia

Mensaje

Liderazgo

Carácter

Productividad

Marketing

CAPÍTULO SEIS

MARKETING SIMPLIFICADO

Cómo crear un embudo de ventas que convierta a los clientes potenciales en compradores

INTRODUCCIÓN

Después de haber establecido el carácter de un profesional competente, de haber aprendido a unir a un equipo en torno a una visión, a aumentar nuestra productividad personal, después de haber comprendido cómo evitar que una empresa se hunda y de haber aprendido a clarificar un mensaje, ha llegado el momento de convertirse en un experto en *marketing*.

No todos los profesionales trabajan en el departamento de *marketing*, pero todos necesitan saber lo suficiente sobre este tema para poder dar a conocer sus ideas, productos e iniciativas.

El *marketing* no solo consiste en transmitir mensajes a los clientes, sino también a los compañeros de trabajo, a los interesados e incluso a la prensa u otros medios de comunicación.

En *Business Made Simple* enseñamos a nuestros estudiantes una metodología básica de *marketing* llamada «embudo de ventas». Esta es una de las estrategias de mercadotecnia más sencillas, económicas y eficaces que se pueden aplicar. De hecho, considero que un embudo de ventas es la base de todo buen plan de *marketing*.

Los embudos de ventas pueden utilizarse para captar clientes o para la comunicación interna. Pueden ser usados para la comunicación B2C o B2B. También en empresas con o sin ánimo de lucro. El uso que le des no es relevante. Lo importante es que un embudo de ventas funciona.

De hecho, en marzo de 2020, cuando un novedoso coronavirus paralizó la economía mundial y la mayoría de los comercios minoristas cerraron sus puertas durante meses, me di cuenta de que los negocios con un embudo de ventas tenían muchas más posibilidades de sobrevivir. ¿Por qué? Por las dos cosas que este hace por ti:

1. Se gana la confianza y la familiaridad de los clientes.
2. Te permite llegar a ellos y hacer pivotar tu mensaje.

La razón por la que pudieron sobrevivir es que las empresas que habían creado embudos de ventas habían recopilado direcciones de correo electrónico e información de contacto. Así, pudieron reorientar su mensaje y sus ofertas para reflejar la crisis. Las empresas que no disponían de embudos de ventas no pudieron llegar a sus clientes y quedaron olvidadas.

Si estás haciendo crecer un negocio, un embudo de ventas debe ser lo primero que crees en tu plan de *marketing*.

Durante los próximos cinco días, te presentaré la metodología de *Marketing Simple* y te revelaré las cinco partes que forman un embudo de ventas.

Mientras que la mayoría de la formación en mercadotecnia es filosófica, esta pretende ser pragmática. Queremos que seas capaz de construir o supervisar la construcción de herramientas básicas de *marketing* que han demostrado obtener resultados.

Independientemente de que vayas a ser un profesional del *marketing*, entender qué es un embudo de ventas y cómo funciona aumenta enormemente tu valor en el mercado. Todo el mundo debería saber cómo decirle a la gente lo que hace y por qué es importante.

Y no solo eso, sino que cuando hayas acabado con las lecturas y vídeos de esta semana, sabrás más sobre *marketing* que el 95 % de los líderes empresariales. Eso te sitúa en un grupo de élite de profesionales capaces de ofrecer un valor excepcional a cualquier organización.

DÍA TREINTA Y DOS

Cómo crear una campaña de *marketing* – Entiende el embudo de ventas

Un gran vendedor sabe cómo construir un embudo de ventas.

Todas las ventas son relacionales. La gente recibe mensajes comerciales sobre productos y servicios todo el tiempo, pero la mayoría de las veces desechan la información. Con una excepción: si oyen hablar de productos y servicios a personas o marcas en las que confían.

Para entender cómo crear un plan de *marketing* que haga efecto, tenemos que entender cómo funcionan las relaciones.

Todas las relaciones pasan por tres etapas (véase la figura 6.1).

CURIOSIDAD

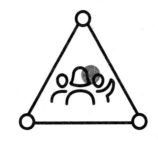

COMPROMISO   IUMINACIÓN

FIGURA 6.1

Cuando la gente nos conoce por primera vez, puede que sientan curiosidad por saber más sobre nosotros o no. Lo mismo ocurre con las marcas y con los productos. La gente puede querer saber más sobre ellos o no. Y, a veces, hace falta que vean tu marca varias veces antes de que la gente esté dispuesta a comprometerse.

Pero ¿qué hace que alguien quiera saber más?

Curiosidad

Que la gente sienta curiosidad por ti o por tu marca depende de que puedan asociarte con su supervivencia.

Sé que suena primitivo, pero es cierto. Los seres humanos están diseñados para sobrevivir y pasan constantemente los datos que encuentran por un filtro mental. ¿Puede este producto ayudarme a sobrevivir y prosperar? ¿Me ayudará una relación con esta persona a sentirme más seguro o me dará más recursos para poder triunfar más fácilmente en el mundo?

Digamos que estamos en una fiesta y alguien despierta nuestra curiosidad (activa nuestro radar de supervivencia). Si somos jóvenes y solteros, esta persona puede ser atractiva, por lo que nuestro filtro de supervivencia se activa con la idea de que podemos haber encontrado una compañera. O digamos que somos mayores y esta persona fue a una conferencia a la que estamos pensando en ir, por lo que activó nuestro filtro de supervivencia al tener información sobre si deberíamos o no gastar nuestros recursos en ir. Sea lo que sea lo que nos ha despertado la curiosidad, te aseguro que se trataba de algún tipo de instinto de supervivencia.

Por lo tanto, para despertar la curiosidad de alguien, tenemos que asociar nuestros productos o servicios con su supervivencia.

Esta puede ser cualquier cosa, desde ahorrar o ganar dinero, conocer gente nueva, aprender más recetas saludables, poder experimentar un más que necesario descanso, ganar estatus y mucho más. Casi cualquier producto o servicio puede asociarse a la supervivencia del cliente.

Al despertar la curiosidad de alguien asociando nuestros productos y servicios a su supervivencia, nos ganamos el derecho a pasar a la siguiente fase de las relaciones: la aclaración.

Esclarecimiento

Ahora que has picado la curiosidad de tus clientes, es el momento de explicarles si realmente podemos ayudarles a sobrevivir.

Informar a un cliente sobre de qué forma tu producto puede ayudarle a sobrevivir simplemente significa decirle cómo va a hacerlo. ¿Cómo funciona este producto? ¿Cómo mejorará mi vida si lo uso? ¿Qué han dicho otras personas sobre él?

Después de que los clientes se interesen por nuestro producto al haber despertado su curiosidad, podemos ralentizar un poco nuestro discurso y explicarles cómo funciona el producto.

Solo cuando una persona ha sido informada y convencida de que su problema puede resolverse y de que su supervivencia mejorará, es cuando va a estar dispuesta a pasar a la siguiente fase de una relación: el compromiso.

Compromiso

Este, en el contexto de una relación, surge cuando una persona está dispuesta a arriesgarse al depositar su confianza en otra o en un producto que cree que le ayudará a sobrevivir.

Si hablamos de un servicio, un compromiso significa simplemente que el cliente está dispuesto a dar su dinero a cambio del artículo que cree que le ayudará a sobrevivir.

El compromiso en sí se produce cuando un cliente hace un pedido.

Lamentablemente, la mayoría de los esfuerzos de *marketing* no siguen la progresión natural de las relaciones y por eso fracasan.

Estas requieren tiempo. Si pedimos un compromiso antes de despertar la curiosidad de alguien o de informarle sobre nuestro producto, se irán. Tenemos que ir despertando poco a poco, con el tiempo, la curiosidad de nuestro cliente, explicarle lo que le ofrecemos y pedirle que se comprometa.

El embudo de ventas de *Marketing Simple*, que te presentaré en los próximos cuatro días, construirá una relación con tu cliente de forma lenta y natural para que sea más probable que confíe en ti y haga un pedido.

Puedes ver las partes del embudo de ventas de *Marketing Simple* en la Figura 6.2.

UN COMENTARIO INGENIOSO

UNA CAMPAÑA DE
CORREO ELECTRÓNICO

UNA *LANDING PAGE*
ESQUEMÁTICA

FIGURA 6.2

Una vez que sepas cómo crear un embudo de ventas, podrás ejecutar un plan de *marketing* que se gane la confianza de tus clientes, construya relaciones sólidas y haga crecer tu marca.

Tanto si quieres construir un embudo de ventas como si no, saber qué viene incluido en un embudo de ventas y cómo funciona aumentará tu valor en cualquier organización porque sabrás cómo debe ser el plan de *marketing* que promueve tus productos o ideas.

Este es el consejo del día de *Simplifica tu negocio*

Aprende a crear un embudo de ventas que funcione para poder establecer relaciones sólidas con los clientes.

DÍA TREINTA Y TRES
Cómo crear una campaña de *marketing* – Escribe una frase que genere ventas

Un gran comercializador sabe cómo elaborar una frase única.

El primer paso para crear una relación con un cliente es despertar su curiosidad. Pero ¿cómo podemos hacerlo con una sola frase?

Cuando se pregunta a la mayoría de las personas a qué se dedican, dicen el nombre de la empresa para la que trabajan o quizás su cargo. Esta información no despierta la curiosidad de nadie. ¿Pero qué pasaría si respondieran a la pregunta de otra manera? ¿Y si la forma en que lo hicieran provocara que la gente preguntara por su tarjeta de presentación o intentar hacerse un hueco en su agenda?

Como dije en la introducción de esta sección, la clave para despertar la curiosidad de alguien es asociar tu producto o servicio con su supervivencia. Y hay una fórmula infalible para hacerlo.

Para crear una frase que despierte la curiosidad de un cliente, debes crear lo que llamamos un «*one-liner*» o frase ingeniosa de *Marketing Simple*.

La idea procede de la industria cinematográfica. Cuando un guionista escribe un guion, tiene que ser capaz de resumir la historia para que los productores quieran invertir y, finalmente, si se hace la película, la gente quiera ir al cine a verla.

Cuando se trata de conseguir que los productores inviertan dinero en una película, resumir la historia en una sola frase puede hacer que un estudio cinematográfico gane o pierda cientos de millones de dólares.

¿Pero qué pasaría si una empresa tuviera también un *one-liner*? ¿Y si una empresa tuviera una frase (o una afirmación) que resumiera el relato del que desean hacer partícipes a los clientes con sus productos? ¿Y si, además, esa frase hiciera que los potenciales clientes quisieran saber más y quizás incluso comprar dicho producto?

Un *one-liner* de *Marketing Simple* es esa clase de frase. El tuyo debe tener tres componentes:

1. Un problema
2. Tu producto como solución
3. El resultado

Si te fijas en la estructura de la frase ingeniosa, en realidad es un relato corto. Un personaje tiene un problema y encuentra una solución para resolverlo.

El resultado es que la gente se acerca a escuchar cuando explicas lo que haces.

Por ejemplo, si estuvieras en una fiesta y le preguntaras a alguien a qué se dedica y te dijera que es un «chef a domicilio», probablemente te preguntarías cómo empezó o cuáles son sus restaurantes favoritos, o si alguna vez ha cocinado para alguien famoso.

Sin embargo, si conocieras a otro chef a domicilio que fuera igual de bueno y cobrara el mismo precio, pero cuando le preguntaras a qué se dedica, te dijera:

«Como sabrás, la mayoría de las familias no comen juntas y cuando lo hacen no comen sano. Yo soy un chef a domicilio. Cocino en las casas de la gente para que puedan comer bien y pasar más tiempo juntos».

Ahora ese chef a domicilio no solo va a conseguir más negocio, sino que va a hacerse con todo el negocio. ¿Por qué? Porque ha despertado la curiosidad de la gente haciéndolos partícipes de un relato en el que están mejor posicionados para sobrevivir y prosperar. Después de escuchar ese relato, el cliente se pregunta ahora:

¿Funcionará esto para mí? ¿Cuánto cuesta?
¿Cocinas una vez a la semana o todas las noches?

El primer cocinero describió su trabajo; el segundo dijo una sola frase.

Cuando la gente te pregunta a qué te dedicas, ¿tienes alguna frase o afirmación sencilla que despierte su curiosidad?

Una vez que hayas creado tu *one-liner*, imprímela en el reverso de tu tarjeta de visita. Utiliza tu eslogan como firma de correo electrónico. Asegúrate de incluirlo en tu sitio web. Memorízalo para que cuando la gente te pregunte qué haces, des una respuesta clara que haga crecer tu negocio.

Tu *one-liner* es lo más parecido a una frase mágica que va a hacer que la gente quiera hacer negocios contigo.

> **Este es el consejo del día de *Simplifica tu negocio***
>
> Como primer elemento de tu plan de *marketing*, despierta la curiosidad del cliente creando un eslogan.

DÍA TREINTA Y CUATRO
Cómo crear una campaña de *marketing* - Un sitio web eficaz

Un gran vendedor sabe cómo diseñar un sitio web que supere la prueba de los gruñidos.

El siguiente elemento del embudo de ventas que querrás crear es tu sitio web. Existen muchas secciones posibles para una página web eficaz, pero hay una regla que debes seguir si quieres que el tuyo sea lo más eficaz posible: tu sitio web debe pasar la prueba del gruñido.

La mayoría de la gente no lee las webs, las escanea. Para que una persona deje de escanear una página y comience a leerla, para que pase de la curiosidad al deseo de aprender, debes despertar aún más su curiosidad al comunicar con claridad la respuesta a tres preguntas críticas.

Estas preguntas son tan primitivas que hasta un hombre de las cavernas debería ser capaz de obtener las respuestas del texto resaltado y de gran tamaño de tu página.

Imagínate que le das a un cavernícola un ordenador portátil con tu sitio web abierto y le das cinco segundos para que navegue por tu *landing page*.

¿Podría el hombre de las cavernas decir claramente, y en solo cinco segundos, la respuesta a estas tres preguntas?

1. ¿Qué ofreces?
2. ¿Cómo mejorará mi vida?
3. ¿Qué tengo que hacer para comprarlo?

Si esas tres preguntas no pueden ser respondidas a los cinco segundos de ver tu sitio web, estás perdiendo dinero.

¿Instalas piscinas que permitan a una familia disfrutar del verano? Y para que me instalen una, ¿debo hacer clic en el botón «obtener un presupuesto»? Si un hombre de las cavernas es capaz de gruñir lo que ofreces, cómo mejorará su vida y lo que debe hacer para comprarlo después de revisar tu página durante tan solo cinco segundos, enhorabuena, te has comunicado con claridad.

La mayoría de las empresas quieren compartir demasiada información en su sitio web. La verdad es que la gente no necesita saber que tu abuela fundó la empresa o que ganaste un premio de la Cámara de Comercio hace diez años.

Lo que sí necesitan saber es lo que ofreces, cómo mejorará sus vidas y qué deben hacer para comprarlo.

La sección superior de tu web es la más importante porque enmarca el resto del mensaje que presentarás en la página. A esta sección la llamamos cabecera. Si la cabecera de tu sitio web pasa la prueba del gruñido, verás un aumento de las ventas.

> **Este es el consejo del día de *Simplifica tu negocio***
>
> Como segundo elemento de tu plan de *marketing*, aprende a diseñar un sitio web que pase la prueba del gruñido.

DÍA TREINTA Y CINCO

Cómo crear una campaña de *marketing* – Recolecta direcciones de correo electrónico

Un gran vendedor capta direcciones de correo electrónico al ofrecer un valor gratuito.

Una vez que hayas despertado la curiosidad de tus clientes con tu *one-liner* y tu sitio web, puedes comenzar a informarles utilizando un generador de oportunidades de venta. A continuación, les sigues poniendo al corriente a través de correos electrónicos hasta que empiezas a pedir un compromiso.

A la mayoría de la gente se le da bastante bien la parte del sitio web, pero ahí es donde se detiene su campaña de *marketing*.

Si no estás recopilando direcciones de correo electrónico, puedo entender el porqué. No quieres molestar a alguien con una charla promocional. Tal vez no sabes qué harías con las direcciones de correo electrónico una vez que las tuvieras. O, simplemente, no sabes cómo funciona toda la tecnología implicada.

Todas estas son razones válidas, pero ninguna de ellas es lo suficientemente fuerte como para justificar el no recopilar y enviar correos electrónicos. El *marketing* por email es demasiado económico y rentable como para ignorarlo.

Si no estás recopilando direcciones de correo electrónico, deberías hacerlo.

Pero ¿cómo hacerlo sin ser avasalladores o ruines?

La clave es ofrecer un valor tangible y gratuito a cambio de la información de contacto de un cliente potencial.

Hoy en día, la gente considera a nivel psicológico que el valor de su dirección de correo electrónico ronda unos diez o veinte dólares. Eso significa que solo están dispuestos a darla por algo por lo que realmente pagarían diez o veinte dólares. De lo que podemos deducir que, para que alguien ceda su dirección de correo electrónico, tenemos que ofrecerle algo que realmente quiera o necesite.

Afortunadamente, es probable que tú ya seas un experto en alguna materia que te proporcione información que otras personas encontrarían valiosa. Si eres dentista, puede que conozcas cinco o seis estrategias que ayudarán a que los niños adoren cepillarse los dientes. A los padres les encantaría leer eso. Si tienes una tienda de animales, seguro que sabes cómo conseguir que un perro deje de saltar sobre la gente cuando entra por la puerta. Los dueños de perros probablemente encontrarían esa información muy valiosa.

Cuando ofreces valor gratuito en forma de PDF o una serie de vídeos a cambio de una dirección de correo electrónico, es menos probable que la gente se harte de que les envíes un email después de descargar lo que les ofreces. Y además, si de verdad se hartan, siempre pueden darse de baja de tus correos electrónicos.

La clave aquí, sin embargo, es ofrecer algo de gran valor. Y ese valor debe ser específico y tiene que resolver un problema al que se enfrentan tus clientes potenciales.

Es probable que en el pasado hayas intentado recopilar direcciones de correo electrónico con un boletín informativo, pero nadie quiere suscribirse a él. ¿Por qué? Porque no saben qué problema concreto resuelve tu boletín. En cambio, un PDF titulado «Cómo hacer que su perro deje de saltar sobre la gente» ofrece un valor claro.

Sea cual sea tu oferta, asegúrate de dejar claro su valor.

Estas son algunas reglas para crear algo que la gente quiera conseguir a cambio de dar su dirección de correo electrónico:

1. **Hazlo corto.** No hace falta que escribas un libro entero o que filmes un documental completo.
2. **Ponle una portada.** Adórnalo para que el exterior parezca tener tanto valor como el que has puesto en su interior. Los libros de tapas blancas no recopilan muchas direcciones de correo electrónico.
3. **Haz que resuelva un problema concreto.** La gente dará su dirección a cambio de algo que disminuya la frustración o el dolor en sus vidas.

Para esclarecerles las cosas a tus clientes y aumentar las posibilidades de que se comprometan, sigue construyendo la relación y gana la confianza con un generador de oportunidades de venta que les ayude a resolver un problema.

> **Este es el consejo del día de *Simplifica tu negocio***
>
> Como tercer elemento de tu plan de *marketing*, crea un generador de oportunidades de venta que capte direcciones de correo electrónico.

DÍA TREINTA Y SEIS

Cómo crear una campaña de *marketing* – Envía un correo electrónico a tus clientes

Un gran vendedor construye relaciones y cierra la venta con una campaña de correo electrónico.

Hace años, cuando empecé a salir con mi mujer, me dio el mejor consejo de *marketing* que he recibido nunca. Me dijo: «Don, tú eres alguien que funciona con tiempo de *calidad*, pero yo soy una chica que funciona con **cantidad** de tiempo».

No lo dijo como un consejo de *marketing*, en realidad. Lo decía como un consejo para nuestra relación. Me estaba diciendo cómo ganar su corazón. Ella no quería avanzar rápido. Quería tiempo.

Concretamente, ella comprendía que yo era el tipo de hombre que sabía lo que quería y que tenía una fuerte tendencia a tomar acción. Pero eso no iba a funcionar con ella. Lo que ella deseaba era que yo estuviera a su lado el tiempo suficiente y en una variedad de situaciones lo bastante grande como para que cualquier rareza saliera a la luz y ella supiera en lo que se estaba metiendo.

Es una mujer inteligente.

Ni que decir tiene que bajé el ritmo. Me mudé a su ciudad, alquilé una casa en su barrio y pasé meses sentado en su salón tomando el té con ella y sus amigas, con el meñique apuntando al cielo. Fue un sacrificio, pero conseguí a la chica.

Años más tarde tuve una epifanía mientras analizaba algunos datos y me daba cuenta de que nuestros clientes no compraban la primera vez que entraban en nuestro sitio web, ni siquiera después de leer un generador de oportunidades de venta que habían descargado. Solo lo hacían después de haber recibido, meses más tarde, docenas de correos electrónicos con contenido valioso. Fue entonces cuando me di cuenta: «Son clientes que funcionan con **cantidad de tiempo.** Necesitan conocernos mejor, una y otra vez, antes de depositar su confianza en nosotros. Son como Betsy».

La creación de una campaña por correo electrónico te da la oportunidad de pasar una buena cantidad de tiempo con tus clientes. Poco a poco, a lo largo de un periodo que dura semanas, meses e incluso años, tus clientes se acostumbran a oír de ti, a recibir valor gratuito por tu parte, y empiezan a confiar en ti. Y esa confianza, por supuesto, conduce al compromiso.

Después de descargar o ver tu generador de oportunidades de venta, los clientes deben seguir recibiendo un gran valor por haberte dado su dirección de correo electrónico. Debes seguir resolviendo sus problemas, animándolos, inspirándolos e informándolos.

Y, por supuesto, quieres pedirles que te compren. Hazles saber sobre los productos que les ayudarán a resolver sus problemas. Utiliza cada posdata para repetir esa oferta y quizás, incluso, ofrecer una bonificación.

Pedirle a un cliente que se comprometa es algo importante. Podría perder fácilmente su dinero o incluso sentirse como un tonto por haber tomado la decisión equivocada. No debemos esperar que nuestros clientes vayan a tomar semejantes decisiones sin habernos ganado antes su confianza.

Después de ofrecer un generador de oportunidades de venta, confecciona tantos correos electrónicos valiosos como puedas y mantente en contacto con tus clientes. Ofrece recetas, guías de estudio, consejos de bricolaje, perspectivas sobre ideas, lo que creas que pueda servir a las preocupaciones e intereses de tus clientes.

Cuando te mantienes en contacto con ellos enviándoles correos electrónicos valiosos, ellos confían en ti. Y cuando lo hacen, se comprometen contigo y hacen pedidos.

Este es el consejo del día *Simplifica tu negocio*

Como cuarto elemento de tu plan de *marketing*, inicia una campaña por correo electrónico que se gane la confianza de tus clientes y les pida su compromiso.

Un profesional valioso

* *Aumenta tu valor económico personal dominando cada competencia básica.*

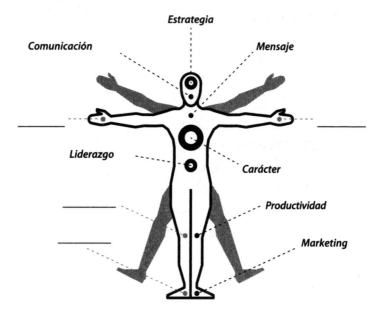

CAPÍTULO SIETE

LA COMUNICACIÓN SIMPLIFICADA

Cómo convertirse en un comunicador excepcional

INTRODUCCIÓN

Después de haber establecido el carácter de un profesional competente, de haber aprendido a unir a un equipo en torno a una misión, de mejorar nuestra productividad, de aprender cómo funciona realmente un negocio, de haber aclarado nuestro mensaje y de haber entendido cómo construir un embudo de ventas, dediquemos algún tiempo a convertirnos en comunicadores excelentes. Aprendamos a hacer una buena presentación.

Ya sea para dirigir una reunión, lanzar una iniciativa, dar un discurso de apertura o incluso presentar un seminario web, cualquier profesional que pueda retener la atención de una sala mientras da un discurso va a recibir más responsabilidad y un mayor salario. Un buen comunicador será elegido para dirigir.

Lamentablemente, la mayoría de las presentaciones corporativas pueden ser una tortura. Someter a la gente a diapositiva tras diapositiva de viñetas basadas en datos es una gran manera de matar el impulso de cualquier proyecto importante.

Sin embargo, de vez en cuando tienes el privilegio de ver una presentación que informa e inspira. Y no estás del todo seguro de por qué.

Simplemente asumes que la persona que hizo la presentación es una gran comunicadora. De hecho, pronto se la describe así dentro de la organización.

Pero ¿qué está haciendo esa persona que sea tan diferente? ¿Y puede ese algo enseñarse y aprenderse?

La respuesta es sí. Y los detalles de lo que hace te sorprenderán. Resulta que lleva a cabo unas cuantas cosas que enganchan al público desde el principio y lo mantienen interesado hasta que termina.

Entonces, ¿qué hace un gran comunicador que no hacen otros?

Esto es importante porque, para que nos den cada vez más responsabilidades, tenemos que ser capaces de hacer una presentación que atrape la atención de la gente. Incluso si nos limitamos a ofrecer un breve resumen al comienzo de una reunión, nuestras habilidades de comunicación deben ser impecables.

Para hacer una buena presentación, hay que entender las cinco preguntas que todo público desea secretamente que el presentador responda. Si no contestas a estas cinco preguntas, el público no te escuchará. Si lo haces, y además es de forma creativa y memorable, tu presentación gustará al público.

Estas preguntas te resultarán familiares porque son las mismas que la gente lleva planteando a las historias desde que Aristóteles escribió su *Poética*.

Sin embargo, cuando aplicamos los elementos de un buen relato a una presentación, conseguimos el mismo resultado que obtienen los guionistas de películas taquilleras: un público comprometido e inspirado.

Las cinco preguntas son:

1. ¿Qué problema vas a ayudar a resolver al público?
2. ¿Cuál es tu solución al problema?
3. ¿Cómo será mi vida si acepto tu solución?
4. ¿Qué quieres que haga el público a continuación?
5. ¿Qué quieres que el público recuerde?

Muchos entrenadores de comunicación te dirán que empieces con un chiste, que seas vulnerable o que respires profundamente antes de empezar a hablar. Todos esos consejos están bien, pero nada de eso es necesario para hacer una buena presentación. Lo que es necesario para cualquier presentación, ya sea divertida, inteligente, vulnerable o ingeniosa, es responder a esas cinco preguntas para el público. Si lo haces, triunfarás.

Durante los próximos cuatro días, te presentaré el marco de trabajo de Simplifica tu comunicación y te enseñaré a responder a esas cinco preguntas para que cualquier audiencia a la que te enfrentes quede impresionada con tu capacidad de comunicación.

DÍA TREINTA Y SIETE
Cómo ser un gran comunicador – Dar una gran presentación

Abre tu charla diciéndole al público qué problema vas a ayudarles a resolver.

Nos pasa a todos. Nos ponemos delante de un grupo e inmediatamente olvidamos cómo empezar nuestra presentación. Lo hemos oído un millón de veces, pero no nos hemos dado cuenta de que todos esos ojos que nos miran fijamente nos hacen sentir... bueno, inseguros. Así que cometemos el error fatal que todo presentador aficionado comete: titubeamos al comenzar nuestra presentación.

En lugar de abrir con una primera frase fuerte, hacemos un comentario sobre el tiempo, o sobre el café, o sobre lo increíble que es que haya un tipo en la habitación al que no veías desde la universidad y que os sentasteis cerca el uno del otro en Psicología 101: «¿Te acuerdas del señor Teamore? ¡Madre mía, era un profesor tan gracioso...!». Y el público se desconecta porque en realidad no les importa si fuiste a la universidad con alguien del público y están convencidos de que el señor Teamore no les habría parecido tan divertido como tú.

El público no se interesará por tu presentación hasta que sepan que vas a hacer una cosa: ayudarles a resolver un problema.

Hasta que no expongas a tus oyentes el problema que vas a ayudarles a resolver, se preguntarán:

1. ¿De qué trata esta presentación?
2. ¿Por qué debemos escucharla?
3. ¿Tiene el orador siquiera la autoridad suficiente para estar ahí arriba?

Todas las buenas películas comienzan con un problema. Y lo hacen por una razón. El problema es el gancho de la historia. ¿Logrará E.T. volver a casa? No estoy seguro, veamos la película para averiguarlo. Hasta que no plantees el problema, tu público se preguntará por qué debería prestar atención. Empieza tu presentación con un problema.

¿Vas a ayudarnos a detener el descenso anual de los ingresos del cuarto trimestre? Entonces da comienzo a la charla diciendo: «Durante los últimos cinco años, hemos visto un descenso en los ingresos del cuarto trimestre y eso ha hecho que la mayoría de nosotros crea que este descenso es inevitable. Yo no creo que lo sea. Creo que hay tres cosas que podemos hacer para ver un aumento real de los ingresos durante el cuarto trimestre».

Una declaración de este tipo enganchará a la sala y la mantendrá atenta durante toda la presentación.

La mayoría de los presentadores no me creen cuando hablo del poder de empezar con un problema. Siguen mi consejo, pero solo parcialmente. Se aseguran de llegar a él en los primeros diez minutos más o menos, pero en lugar de empezar con el problema, comienzan con una introducción. Dicen quiénes son y de dónde vienen.

No lo hagas.

En lugar de empezar con una introducción, hazlo con el problema. Yo hablo todo el tiempo y nunca me presento cuando empiezo a hablar. Lo hago a mitad de la charla, o incluso al final. O, mejor aún, hago que el locutor me presente. ¿Por qué? Porque ¿por qué voy a suponer que a alguien le importa quién soy hasta que sepa que puedo resolver un problema que le afecte?

Cuando empiezas tu presentación hablando de un problema, enganchas al público. Cuando no lo haces, el público se queda sentado y se pregunta por qué debería escuchar lo que dices.

> ### Este es el consejo del día de *Simplifica tu negocio*
>
> Un gran comunicador comienza su presentación hablando del problema que su charla ayudará a resolver al público.

DÍA TREINTA Y OCHO

Cómo ser un gran comunicador - Crea subsecciones en tu presentación

Un gran comunicador se asegura de que todas las subsecciones de su presentación encajen dentro de los límites del argumento general de su charla.

Una vez que abras tu presentación exponiendo el problema que ayudarás a resolver al público, este seguirá escuchándote si haces dos cosas:

1. Revelar un plan sencillo para ayudar a tus oyentes a resolver su problema.
2. Presentar cada paso del plan como una subtrama dentro del conjunto del discurso.

Las historias retienen la atención del público mediante tramas y subtramas, así que si quieres conservar la del tuyo mientras das una charla, tu presentación también debe tener tramas y subtramas.

Cuando has abierto un bucle de historia definiendo claramente el problema, has definido también la trama de tu presentación. Dicha trama es la idea principal de tu charla. Una vez que definas el problema que vas a ayudar al público a resolver, todo lo demás en la presentación tiene que encajar dentro del tema de ese problema que estás resolviendo.

Eso no significa que no puedas incluir un montón de otras ideas en tu charla. Lo que ocurre es que tienes que encontrar la manera de que estas encajen dentro de los límites de tu trama.

Hace años, me pidieron que escribiera el primer borrador del discurso sobre el «Estado del Estado» para un gobernador en funciones. El comienzo del discurso no era un problema, por supuesto. Simplemente hice que el gobernador expusiera el problema que pretendía abordar. Sin embargo, la parte central del discurso era más complicada. Se trataba de un discurso largo y tenía que abarcar muchos aspectos diferentes del gobierno estatal, incluidas las directrices presupuestarias. No es precisamente el material que verás en las historias de Hollywood.

El discurso tenía que ser interesante y estar repleto de frases memorables para que la prensa se hiciera eco de la agenda del gobernador.

Entonces, ¿pudimos mantener el interés del público?

El problema en el que decidimos centrarnos fue que había demasiada discordia entre los dos principales partidos políticos. Escribimos sobre lo mucho que mejoraría todo si nos uniéramos y enfatizamos el dolor que experimentarán los ciudadanos si no lo hacemos.

Esto último se convirtió, entonces, en la idea dominante del discurso. Trataba de por qué teníamos que resolver el problema de la discordia y la división política.

A partir de ese momento, podíamos llevar el discurso a donde quisiéramos, incluso podríamos ahondar en las minucias del gasto presupuestario y los excesos. No me preocupaba. Mientras la idea central fuera que si nos unimos para ayudar a los ciudadanos ocurrirán cosas buenas, y que si no lo hacemos la gente sufrirá, éramos libres de tratar cualquier tema y la historia seguiría teniendo sentido.

Una vez elegido el problema, también llamado «la trama» de la presentación, había que concretar el plan y este debía tener unas tres (y no más de cuatro) secciones secundarias.

Si pretendes abarcar más de cuatro subsecciones de tu mensaje principal, tu presentación se hará larga. De hecho, no recomiendo más de tres.

¿Qué es una subsección?

Esencialmente, una sección secundaria funciona como una subtrama en una historia.

Una subtrama es... todas las historias que ves en la televisión o en el cine están formadas por tramas y subtramas.

Por ejemplo, una historia sobre un agente secreto que necesita salir de un país extranjero podría ser la trama principal de la película, pero llegar desde su habitación de hotel hasta el taxi que le espera en la puerta sin ser visto por los espías del vestíbulo del hotel sería una subtrama. Y cuando esa subtrama se cierra, se abre la subtrama de la carrera por las calles en un coche deportivo perseguido por los malos en moto.

La trama de la historia abre un gigantesco bucle argumental que plantea una pregunta lo suficientemente interesante como para que nos haga prestar atención durante dos horas. Las subtramas de la historia son preguntas menores que se plantean y se responden durante esas mismas dos horas y que mantienen el interés del público al mismo tiempo que avanzan la acción.

Así es como se ve la estructura de una historia simple en el papel:

TRAMA:	Nuestro héroe tiene que encontrar y detener a un terrorista.
SUBTRAMA:	Nuestro héroe necesita encontrar la bomba dentro del edificio.
SUBTRAMA:	Nuestro héroe encuentra un acertijo junto a la bomba que debe ser resuelto.
SUBTRAMA:	Nuestro héroe se da cuenta de que el enigma es personal. El terrorista le conoce.
SUBTRAMA:	Nuestro héroe resuelve el enigma y se da cuenta de que el terrorista es su hermano.
SUBTRAMA:	Nuestro héroe debe encontrar a su hermano, al que no ha visto en veinte años.

Una presentación funciona como una película de Hollywood. Se trata de tramas y subtramas.

TRAMA:	Demócratas y republicanos deben unirse por el bien del pueblo.
SUBTRAMA:	Debemos unirnos para crear igualdad educativa.
SUBTRAMA:	Debemos unirnos para solucionar el elevado coste de los medicamentos.
SUBTRAMA:	Debemos unirnos para crear igualdad fiscal.

Si vamos abriendo y cerrando subtramas dentro de una trama general, nuestra presentación quedará tejida con el hilo de una historia única y cohesionada.

Si alguna vez te has aburrido en una presentación, es probable que sea porque las viñetas de esta no se encontraban enmarcadas como subtramas dentro de la trama general de la propia presentación.

En un guion, cada escena debe hacer avanzar al héroe hacia la resolución de un problema específico o, por el contrario, alejarlo de su meta. Si una escena no se enmarca en el contexto de la trama general, tiene que desaparecer porque el público se confundirá y perderá interés en la historia.

En una buena presentación, tendrás una única trama con tres o cuatro subtramas que harán avanzar la historia hasta una resolución final. Esta es la forma de conservar la atención de la gente durante toda la presentación.

> **Este es el consejo del día de *Simplifica tu negocio***
>
> Descompón tu presentación en tramas y subtramas, y asegúrate de conocer bien tu idea principal incluso antes de empezar.

DÍA TREINTA Y NUEVE
Cómo ser un gran comunicador – Augura una escena culminante

Un gran comunicador le dice al público cómo podría ser su vida al presagiar una escena culminante.

Una buena historia siempre se dirige a algún sitio, y normalmente ese lugar ha sido presagiado lo suficientemente temprano en la historia como para que el público sepa exactamente lo que quiere que suceda.

En la película *Rudy*, todos queremos que Rudy juegue en un partido de fútbol con el equipo de Notre Dame. En *Romeo* y *Julieta*, todos queremos que Julieta y Romeo se casen. En *El discurso del rey*, lo que deseamos es que el rey Jorge pronuncie un discurso sin tartamudear.

Toda buena historia se encamina hacia la escena culminante porque es en ella donde se resuelve toda la tensión y el público experimenta la alegría de un problema resuelto.

Por lo tanto, un gran comunicador siempre presagiará una escena climática que su público experimentará si actúan con respecto a la cuestión que el presentador está tratando de presentar.

John F. Kennedy pintó la escena culminante de un astronauta estadounidense caminando sobre la Luna, y Estados Unidos tuvo que votar por él para que esa escena culminante sucediera. «Elegimos ir a la Luna en esta década...» Winston Churchill describió una escena culminante que solo podría ocurrir si Gran Bretaña luchaba valientemente contra Hitler: «Si podemos enfrentarnos a él, toda Europa podrá ser liberada, y la vida del mundo podrá avanzar hacia tierras altas amplias y bañadas por el sol».

La imagen de todo el mundo avanzando por amplias y soleadas tierras altas era, entonces, la escena climática presagiada.

¿Cómo será la vida si la gente hace realmente lo que tu presentación les pide que hagan? ¿Has pintado una escena para que el público pueda imaginar esa vida mejor? Si no es así, no has previsto una escena culminante en tu charla y tu público no tiene una visión de un futuro mejor si sigue tu consejo.

Asegúrate de que tu escena culminante presagiada sea visual. Cuanto más difícil de visualizar sea, menos fuerza tendrá para atraer al público.

Cuando presagias una escena culminante en tu presentación, debes inspirar a tu público a dirigirse hacia lo que has descrito. La idea es hacer que el público quiera que la escena cobre vida.

> **Este es el consejo del día de *Simplifica tu negocio***
>
> Si presagias una escena culminante en tu presentación, inspirarás a tu público.

DÍA CUARENTA
Cómo ser un gran comunicador - Reta al público a pasar a la acción

Un gran comunicador incluye una fuerte llamada a la acción en su presentación.

En un buen discurso, el público se sentirá inspirado para pasar a la acción. Querrán «hacer algo» para contribuir a que un astronauta pise la Luna o a que la gente se mueva libremente hacia esas tierras altas amplias y bañadas por el sol.

¿Pero qué? ¿Qué pueden hacer? ¿Votar? ¿Luchar? ¡Que alguien me lo diga!

Un gran comunicador incluirá una fuerte llamada a la acción en su presentación para que la audiencia pueda contribuir conscientemente al esfuerzo significativo que está recomendando.

La razón principal por la que debes incluir una llamada a la acción es porque, en general, las personas no actúan a menos que se les rete a hacerlo.

En los relatos, los héroes deben verse obligados a actuar por algún tipo de incidente instigador. Su perro ha sido secuestrado o su marido se ha convertido en un hombre lobo.

La fuerte llamada a la acción de tu presentación servirá de incidente instigador. Desafiará al público a hacer algo, y será algo concreto.

Otra razón para incluir una fuerte llamada a la acción es que la mejor forma de hacer que alguien crea en una idea es que la vea puesta en marcha.

Llámalo «tener algo que perder» si quieres, pero la idea es que cuando le pides a un público que se sacrifique en nombre de una idea o de un plan, empiezan a sentir que esa idea o plan les pertenece.

Ten cuidado de que tu llamada a la acción no sea imprecisa. Debe ser clara.

Si tratas de encontrar una gasolinera y le pides a un desconocido que te indique cómo llegar, no te servirá de nada que te diga que «hay una gasolinera cerca». Unas indicaciones claras, como por ejemplo que «hay una gasolinera a tres manzanas a la derecha», serían suficientes.

Pedir a la audiencia que sea **más consciente** o que se **preocupe por los demás** no es una llamada a la acción lo suficientemente específica como para que la gente las lleve a cabo. Más bien hay que pedirles que hagan algo como llamar a su representante en el Congreso y luego poner su número de teléfono en la pantalla que hay detrás de ti.

Si estás haciendo una presentación de ventas, la llamada a la acción debería ser para que hagan un pedido o programen una llamada. Si se trata de una presentación empresarial interna, la llamada a la acción puede ser crear un equipo de investigación o vender una división. En cualquier caso, esta debe ser clara.

En nuestra oficina repetimos a menudo una frase cuando creamos contenidos: «No hagas que el lector tenga que ponerse a hacer un montón de cálculos».

Lo que queremos decir es que no debes hacer que la gente tenga que descifrar lo que quieres que hagan. Simplemente díselo. Y hazlo claramente.

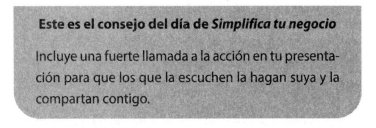

Este es el consejo del día de *Simplifica tu negocio*

Incluye una fuerte llamada a la acción en tu presentación para que los que la escuchen la hagan suya y la compartan contigo.

DÍA CUARENTA Y UNO
Cómo ser un gran comunicador - Determina la temática de tu presentación

Un gran comunicador expone el objetivo de su charla al final de su presentación.

Hace años, contraté a un profesor de oratoria para que me ayudara a mejorar una charla que había dado. Vino a mi oficina y pasamos la mayor parte de dos días viendo un vídeo de un discurso que yo había dado más de cien veces. Cuando comenzó la sesión, yo estaba convencido de que mi discurso era bastante bueno. Incluso me habían ovacionado. Sin embargo y para mi sorpresa, el entrenador tenía un montón de consejos que darme. Resulta ser que solo había estado dando un discurso mediocre.

Aprendí muchas cosas, muchas de las cuales enseño en el curso de *Business Made Simple*. Pero el mejor consejo que me dio fue que controlara, con absoluta certeza, lo último que dijera antes de bajar del escenario.

«La gente recuerda lo último que dices más que cualquier otra cosa», me dijo. «Es como hacer sonar una campana. Seguirá resonando en sus mentes pasada una hora o más».

Este fue un consejo útil para mí. La verdad es que durante mucho tiempo había dejado las últimas palabras de mi presentación al azar. Siempre daba las gracias al público o al presentador, o terminaba el segmento de preguntas y respuestas contestando a la última pregunta, dando las buenas noches y bajando del escenario.

Después de aprender de mi preparador de discursos, empecé a ensayar una línea final para cada discurso. Quería asegurarme de que el pensamiento que resonara en sus cabezas como el tañer de una campana pasada una hora o más fuera exactamente el que yo eligiera.

Esto, por supuesto, lleva a la pregunta: ¿De qué debería tratar tu última línea? ¿Qué debes decir?

La línea más poderosa de tu presentación, la que va al final, debe ser el tema de tu charla.

La idea de un tema también proviene de las fórmulas de historias antiguas. Muchos escritores creen que todos los relatos parten de un tema, el cual es una forma de decir **de qué trata la historia o la moraleja de la misma**.

En *Romeo y Julieta*, por ejemplo, el tema es que «vale la pena morir por amor». En *Los juegos del hambre*, podría ser que «vale la pena luchar por la libertad y la dignidad de la humanidad».

Como una buena historia, tu presentación también puede tener un tema. Para descubrir el tuyo, pregúntate por qué es tan importante esta presentación. ¿Lo es porque todo el trabajo que se realiza en el cuarto trimestre no debe desperdiciarse? ¿Es el tema acaso que «ningún cliente debe pagar de más por el cuidado del césped porque…»?

En el discurso del gobernador del que te hablé antes, el tema era que «los ciudadanos no deben sufrir solo porque los legisladores republicanos y demócratas no pueden llevarse bien».

Si indicas cuál es el tema al final de la presentación, garantizas que el público sepa de qué trata la charla. Si no se indica el tema, obligas a tus oyentes a hacer los cálculos para descubrirlo por sí mismos. Lo más probable es que, a menos que expongas con claridad el tema, no sean capaces de entender la idea principal de tu charla. Y eso significa que no te recordarán como a un buen presentador.

¿Cómo se determina el tema de la charla? Muy sencillo. Solo tienes que rellenar el espacio en blanco de esta frase: «El tema principal de mi presentación es _____».

Repítelo varias veces a lo largo de tu presentación y, por supuesto, termina la charla haciendo que eso sea lo último que digas, y tu público se irá sabiendo lo que intentabas comunicar. Desgraciadamente, la mayoría de los públicos no tienen ni idea de lo que el presentador intentaba decirles. Se limitaron a reír con algunos chistes y a suspirar con algunas historias emotivas. Y luego lo olvidaron todo.

Cuando sepas cuál es el tema de tu presentación, conviértelo en tu última línea. Queremos que tu tema sea la idea que tu audiencia recuerde para siempre.

De hecho, yo suelo repetir el tema varias veces a lo largo de mi intervención, teniendo cuidado, por supuesto, de volver a exponerlo claramente al final de la misma.

Este es el consejo del día de *Simplifica tu negocio*

Termina tu presentación exponiendo el tema, para que tu público sepa por qué tu exposición es importante.

Un profesional valioso

*   Aumenta tu valor económico personal dominando cada
    competencia básica.

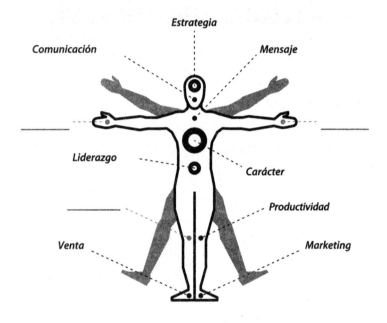

Estrategia

Comunicación

Mensaje

Liderazgo

Carácter

Productividad

Venta

Marketing

CAPÍTULO OCHO

LAS VENTAS SIMPLIFICADAS

INTRODUCCIÓN

Después de haber establecido el carácter de un profesional competente, de haber aprendido a unir a un equipo en torno a una misión, de mejorar nuestra productividad, aclarar nuestro mensaje, comprender lo que entra en un embudo de ventas y de haber llegado a ser un comunicador excepcional, hablemos ahora de cómo establecer un sistema de ventas.

Independientemente de que dirijas la empresa o cortes su césped, todo profesional aumenta drásticamente su valor para una organización si entiende cómo vender.

En realidad, vender consiste en explicar claramente a una persona cómo tu producto o servicio puede resolver su problema y, a continuación, guiarla a través de un proceso que la lleve a realizar una compra.

La mayoría de la gente piensa que vender es «convencer a alguien de que compre algo que no quiere», pero presionar a alguien para que compre algo significa que probablemente le venderás un producto, una sola vez, y luego no volverás a venderle nada nunca más.

A los seres humanos les molesta que les obliguen a comprar cosas. Puede que accedan, pero la conformidad suele ser una forma de resistencia porque es la manera más rápida de librarse del vendedor. Muchas personas han salido del concesionario con un coche nuevo sabiendo que no volverán a comprar a esa persona.

Un buen vendedor, en cambio, trabaja dentro de un marco que invita al cliente a un relato en el que resuelve un problema y se siente bien en el proceso.

Un buen vendedor convierte al cliente en el héroe y le ayuda a tener éxito.

Durante los próximos cinco días, te daré una visión general del marco de trabajo de Simplifica tus ventas y este aumentará drásticamente el número de clientes potenciales que conviertes en compradores, así como el respeto y el aprecio que recibes por parte de los clientes.

Una vez que aprendas el marco, sabrás en qué fase del proceso de ventas te encuentras con cada cliente y podrás ofrecerle la ayuda personalizada que necesita. También dispondrás de un proceso de ventas a escala. Pronto te entusiasmará captar nuevos clientes potenciales porque sabrás que un porcentaje significativo de ellos se convertirá en clientes de pago.

Convertir al cliente en el héroe del relato es la clave para ayudar a más personas y cerrar más ventas.

DÍA CUARENTA Y DOS
Cómo vender – Califica al cliente potencial

Elige a los personajes adecuados: Califica al protagonista.

Hace años, coescribí una película y el director me invitó a ayudar a elegir el reparto. Nos sentamos a ver horas de audiciones en vídeo en las que los actores leían líneas y representaban escenas del guion.

Antes de esa experiencia, habría pensado que el director se limitaba a elegir a los mejores actores y seguía adelante, pero no es así. La verdad es que este elige al actor adecuado para cada papel individual, no necesariamente a los mejores. Algunos actores pueden tener más talento, pero son un poco demasiado altos, o demasiado viejos, o demasiado dramáticos, etc. En realidad, lo que un director busca para su película es un actor que encaje perfectamente en el papel.

Lo mismo ocurre con las ventas. Al vender, estás invitando a un personaje a una historia en la que su problema se resuelve y se ve transformado en una versión mejor y más equipada de sí mismo. Esto significa, sin embargo, que no todos los personajes son adecuados para el papel.

En ventas, llamamos a esto «calificar al cliente potencial». ¿Tiene el cliente el problema que resuelve el producto? ¿Puede el cliente permitirse comprar la solución? ¿Tiene el cliente la autoridad para comprar el producto?

Es importante que un vendedor tenga una lista de calificativos que le ayuden a determinar qué personajes debe incluir en el relato, ya que si elige a los equivocados, la historia no funcionará.

En mi empresa tenemos un miembro del equipo a tiempo completo cuyo único trabajo es calificar a los clientes potenciales. ¿Por qué? Porque pasar por un proceso de ventas con un cliente potencial no cualificado hace perder el tiempo al cliente, hace perder el tiempo al equipo de ventas y te cuesta dinero a ti y a la empresa.

Las ventas consisten en gestionar la energía y el esfuerzo. Cada minuto que pasas hablando con un cliente potencial no cualificado sería mejor que lo pasaras durmiendo bajo tu escritorio. Después de todo, los estudios han demostrado que dormir es importante para mejorar el rendimiento, mientras que ser rechazado por clientes potenciales no cualificados es una locura.

¿Qué hace que un cliente potencial esté cualificado? Como se ha mencionado anteriormente, uno cumple los tres criterios siguientes:

1. Tienen un problema que tu producto resolverá.
2. Pueden permitirse tu producto.
3. Tienen la autoridad para comprar tu producto.

Si tu cliente potencial no tiene el problema que tú resuelves, deberías pasar a otro cliente. Para determinar esto, sin embargo, tendrás que entender completamente qué problema resuelve realmente tu producto y desarrollar una serie de preguntas para evaluar si tu cliente potencial tiene o no ese problema. ¿Está su seguro pendiente de renovación? ¿Tienen dificultades para contratar y no tienen un miembro del equipo dedicado a los recursos humanos? ¿Están incumpliendo alguna norma gubernamental?

Desarrolla una serie de preguntas que determinen si el cliente necesita o no tu producto o desperdiciarás una energía muy valiosa.

A continuación, vas a querer averiguar si el cliente potencial puede permitirse tu producto. Preguntas como «¿Cuánto invierte actualmente en *marketing*?» o «¿Cuánto paga actualmente por las impresiones?» son perfectamente razonables y sirven para averiguar si las restricciones presupuestarias de tus clientes potenciales les permitirán comprar tu producto.

Si el candidato no tiene dinero para comprar lo que les ofreces, pasa amablemente a uno más cualificado.

Por último, muchos clientes potenciales necesitan tu producto e incluso pueden adquirirlo, pero no tienen la autoridad para comprarlo. Si este es el caso, te interesa desarrollar una relación con la persona que realmente tiene dicha autoridad.

Pregunta a tu jefe si tiene autoridad para tomar esa decisión. Si no la tiene, pídele que te presente a la persona que sí la tenga. Dependiendo de lo caro que sea tu producto, incluso invitar a almorzar a tu cliente potencial no cualificado y pedirle que traiga consigo al cliente potencial que sí que lo está puede ser una medida acertada.

La clave aquí, incluso antes de comenzar el proceso de venta, es asegurarse de que estás hablando con la persona adecuada. La persona adecuada tiene un problema que tu producto resuelve, puede permitirse comprarlo y tiene la autoridad para hacerlo.

Todo vendedor debe mantener una larga lista de clientes potenciales cualificados. Cada uno de estos es un candidato a formar parte del reparto de la historia a la que se les invita. Considera esta lista de clientes potenciales cualificados como el reparto potencial que entrará en la historia. Por supuesto, no los has invitado a participar en la historia, pero habrás realizado un gran trabajo descartando a todos los candidatos que no encajan en el papel. Solo con esta fase te ahorrarás cientos, si no miles, de horas en tu esfuerzo por resolver los problemas de tus clientes y cambiar sus vidas.

A continuación, introduzcamos a tu protagonista en la historia que quieres que viva.

> **Este es el consejo del día de** *Simplifica tu negocio*
>
> Crea una lista de criterios que califiquen a los clientes potenciales para poder llevarlos a una historia que resuelva su problema y cambie sus vidas.

DÍA CUARENTA Y TRES

Cómo vender – Invita a los clientes a formar parte de una historia

Presenta a tus clientes potenciales cualificados el arco narrativo que tu producto o servicio hace posible.

Ahora que ya sabes a quién tienes que dar un papel en la historia, es el momento de invitarles a participar en ella.

En casi todos los relatos ocurren cinco cosas. El héroe tiene un problema, ese problema le frustra tanto que quiere pasar a la acción, se encuentra con un guía que tiene algún tipo de plan o herramienta que les ayude, empiezan a creer en la solución, y entonces pasan a la acción para resolver su problema.

Por lo tanto, para que tus clientes potenciales calificados se interesen en entrar en dicha historia, simplemente tienes que presentársela.

Para crear un arco narrativo personalizado para cada uno de tus clientes, deberás utilizar esta fórmula:

1. Veo que estás luchando con X problema.
2. Veo que X problema está causando Y frustración.

3. Nuestro producto o servicio alivia la frustración Y, gracias a solucionar el problema X.

4. Hemos trabajado con cientos de clientes con problemas X y estos son sus resultados.

5. Vamos a crear un plan paso a paso para que tu problema y tu frustración se resuelvan.

Esta fórmula se ha utilizado durante miles de años para contar historias porque la mente humana la entiende y se siente atraída por ella. Por lo tanto, si la mente humana entiende esta fórmula y se siente atraída por ella, deberías utilizarla para invitar a los clientes a formar parte de un relato en el que sus problemas se resuelven mediante la compra de tus productos.

A medida que entiendas mejor el marco de trabajo, aprenderás a ser disciplinado con la historia a la que invitas a los clientes. Demasiados vendedores se andan por las ramas cuando se trata de vender y por eso no cierran muchas ventas.

En lugar de enviar regalos y tarjetas de agradecimiento y llamar a tus clientes en sus cumpleaños, haz el trabajo duro de identificar sus problemas, escuchar las frustraciones que les causan y consultar con ellos cómo se pueden resolver esos problemas.

El objetivo de un buen vendedor no debería ser caer bien; debería ser que se pueda confiar en él. Nos gusta casi cualquier persona que sea amable con nosotros, pero confiamos y respetamos a las personas que pueden aliviar nuestras frustraciones ayudándonos a resolver problemas.

Cuando hablas con un cliente potencial, ¿ves y puedes explicar claramente la historia a la que le estás invitando? ¿Puedes adaptar ese relato a su situación y a sus problemas específicos? ¿Y estás comunicando esa historia como una invitación a resolver sus problemas y cambiar sus vidas? Si no es así, utiliza la fórmula anterior de cinco partes para mapear las historias de tus clientes y, a continuación, empieza a invitarles a resolver su problema. Si lo haces, descubrirás que el respeto y la confianza que vas a recibir aumentarán junto con el número de ventas que logres cerrar

---

Este es el consejo del día de *Simplifica tu negocio*

Identifica los problemas de tus clientes e invítalos a formar parte de una historia en la que se resuelvan sus problemas.

DÍA CUARENTA Y CUATRO
Cómo vender – Repite tus argumentos

Haz de guía y conoce tus frases.

La mayoría de los clientes potenciales no abandonan una compra porque el vendedor no haya sido encantador, amable o exigente. Se alejan de una compra porque el vendedor no les ha guiado hacia la resolución de su problema.

¿Cómo podemos conseguir más ventas? Podemos hacer de guía.

A estas alturas, ya conoces los roles que existen en todo relato. También sabes que, en lo que respecta a la venta, el cliente es el héroe.

La historia gira en torno a ellos. Dicho esto, nosotros desempeñamos un papel importante en la historia. Hacemos de guía.

Obi-Wan Kenobi fue el guía de Luke Skywalker en *La Guerra de las Galaxias*. Haymitch era el guía de Katniss en *Los juegos del hambre*. Tú eres un guía para tu cliente.

Entonces, ¿qué hace exactamente un guía? Bueno, en lo que respecta a la venta, hace tres cosas:

1. Recuerda al héroe de qué trata la historia.
2. Da al héroe un plan para resolver su problema y salir triunfante.
3. Predice la escena culminante de la historia.

Para hacer de guía, tenemos que recordar continuamente a nuestros clientes de qué trata la historia e invitarles a formar parte de ella para que puedan experimentar una resolución positiva.

Un guía debe conocer sus frases y decirlas a menudo. Recordar al cliente el relato y ofrecerle un plan se reduce a los temas de conversación.

Si vendo juegos infantiles y mi cliente es una iglesia local, mis frases son:

«Sé que estáis buscando la manera de que vuestra iglesia sea más acogedora para la comunidad y es frustrante tratar de transmitir lo realmente acogedores que sois. Después de instalar el parque infantil e invitar a la comunidad a la gran inauguración, habréis enviado un mensaje cálido y más gente sentirá una conexión con la congregación. Creo que eso hará que más gente vaya a la iglesia y más vidas cambien».

¿Has captado la historia, el plan y la escena culminante?

El problema: la comunidad no acude a la iglesia porque no perciben que el edificio sea acogedor.

El plan: construir un parque infantil e invitar a la comunidad a la gran inauguración.

La escena culminante: «... más gente en la iglesia y más vidas cambiadas».

Estas frases, o sus variaciones, se convierten en los puntos clave de la conversación del guía.

Memoriza los puntos clave de la conversación

Lo más importante para invitar a los clientes a formar parte de una historia es averiguar los temas de conversación que definen el relato y luego repetirlos en las comidas de negocios, correos electrónicos, propuestas, llamadas telefónicas, etc.

Muchos vendedores se pasan mucho tiempo intentando establecer una buena relación. Eso está bien. Pero nuestro trabajo como vendedores es resolver problemas y cambiar vidas. Y, sinceramente, no hay nada que genere una mejor relación que hacer exactamente eso.

No cabe duda de que repetirle frases a un cliente sin mantener conversaciones significativas puede resultar desagradable. Pero lo bueno de tener temas de conversación preparados para cada uno de tus clientes potenciales es que te permite pasar la mayor parte del tiempo juntos hablando de otras cosas. Así, el 80 % de tu tiempo puede ser dedicado a la construcción de una relación auténtica, siempre y cuando el 20 % de la comunicación refuerce los temas de conversación e invite al cliente a participar en una historia clara y convincente.

Cuando estás con un cliente, es bueno abrir y cerrar la conversación con los puntos clave como forma de asegurarte de que tu cliente entiende la historia a la que le estás invitando.

Al igual que un líder que va a pronunciar un discurso o una entrevista importantes, un buen vendedor tiene memorizados los puntos clave de sus temas de conversación y los repite una y otra vez. Si lo hace, el cliente reconocerá al vendedor como un guía en su vida, se sentirá invitado a una historia convincente, y hará una compra que resuelva su problema.

Recuerda siempre que el cliente es el héroe. Y busca un guía que le invite a formar parte de una historia. En eso consiste ser vendedor.

> **Este es el consejo del día de *Simplifica tu negocio***
>
> Prepara los puntos clave de los temas de conversación que inviten a los clientes a participar en una historia y repite esos puntos clave de la conversación una y otra vez.

DÍA CUARENTA Y CINCO
Cómo vender – Crea una gran propuesta

Presenta tu propuesta utilizando la fórmula de un libro de cuentos.

Muchos vendedores resumen su oferta en viñetas dentro de un correo electrónico enviado apresuradamente y luego se sorprenden cuando su cliente rechaza la oferta.

A menudo, este último achaca su decisión de no comprar al precio, la competencia, el calendario, las preocupaciones presupuestarias, etc. Pero dudo que ninguna de esas excusas sea del todo cierta.

La realidad es que lo más probable es que el cliente estuviera confundido sobre cómo iba a funcionar la transacción y qué obtendría del trato. La gente siempre rechaza una oferta confusa.

Por esta razón, debes poner por escrito los puntos clave de la historia de la oferta dentro de una propuesta, un folleto o incluso un vídeo.

En los discursos de venta, cuando conocemos los problemas de nuestros clientes, presentamos un plan y presagiamos una escena culminante para sus vidas, no debemos asumir que recordarán cada palabra, o que hayan tomado notas y pasado horas estudiando nuestra propuesta. Es más probable que hayan disfrutado de las conversaciones, que se hayan sentido atraídos por la invitación narrativa y que luego se hayan ido a casa y hayan olvidado los detalles.

Luego, cuando llegó el momento de tomar una decisión, se sintieron confundidos.

Cuando un cliente te dice que se lo pensará y que te llamará más tarde, es probable que creas que está rechazando tu oferta. En realidad, no creo que lo esté haciendo en absoluto. Lo que realmente están diciendo es: «Me pondré en contacto contigo cuando lo tenga más claro». Lamentablemente, la claridad nunca llega. ¿Por qué? Porque nunca se la diste en un documento único e interesante que pudieran leer y revisar.

Por eso es tan importante una buena propuesta, un folleto, un sitio web, un vídeo o cualquier otro elemento de garantía que creemos para cerrar la venta.

A la gente no le gusta adentrarse en la niebla. Nuestros mecanismos internos de supervivencia quieren que permanezcamos en entornos libres de amenazas o de amenazas potenciales, y caminar a través de un banco de niebla implica demasiado misterio.

Lo mismo ocurre en el mundo de las ideas. Si estamos confundidos sobre cómo es el futuro, sobre cuáles son las intenciones de alguien, o incluso sobre cuáles deben ser nuestros próximos pasos, el cerebro percibe la niebla mental y da un paso atrás.

Los grandes vendedores crean una plantilla de propuesta y luego la personalizan para el cliente. Ponen sobre la mesa cuidadosamente los problemas del cliente, el plan específico que han discutido y la fuerte llamada a la acción que conduce a la escena culminante.

He aquí un modelo para una buena propuesta:

1. El problema del cliente
2. El producto que resolverá el problema
3. El plan de implementación de la solución (producto) en la vida del cliente
4. El precio y las opciones
5. La escena culminante (el resultado de la resolución del problema)

Se trata de una fórmula de relato sencilla, no muy diferente a la que te encontrarías en un libro infantil. Es fácil de entender, y la premisa que contiene (que el producto puede resolver el problema del cliente) es fácil de comprender por la forma en que se presenta.

Una propuesta, un PDF o un vídeo que exponga el relato del cliente de esta forma es fácil de entender, no crea niebla ni confusión y es más probable que se traduzca en una venta.

Las propuestas pueden parecer anticuadas, lentas e innecesarias, pero la verdad es que son un gran servicio para nuestros clientes y consiguen cerrar acuerdos.

Un buen vendedor pasará su tiempo de descanso revisando su base de datos, recordando los problemas y las necesidades de sus clientes con el fin de encontrar una solución, y luego personalizando las propuestas que enviará para su revisión. Este vendedor cerrará más ventas que cualquier otro. ¿Por qué? Porque se ha tomado el tiempo para recordar el relato del cliente y crear claridad en torno a la decisión que quiere que este tome.

> **Este es el consejo del día de *Simplifica tu negocio***
>
> Utiliza una propuesta o algún otro elemento de garantía de ventas en el que esté plasmada la historia del cliente, de modo que este disponga de un documento que alivie su confusión y le ayude a tomar una decisión si le entran dudas.

DÍA CUARENTA Y SEIS
Cómo vender – Cómo cerrar la venta

Un gran profesional de las ventas llama a los clientes a la acción con confianza.

Conocí a un chico en el instituto que salía con todas las chicas guapas. Siempre era un caballero, se acercaba a ellas y las hacía reír, y si despertaban su interés, las invitaba a salir. No tenía ningún miedo y las chicas lo apreciaban. Les gustaba que hiciera las cosas ligeras y divertidas y que no las presionara. Tampoco parecía importarle que lo rechazaran. Se limitaba a ser desenfadado para que ellas no se sintieran mal por hacerle sentir mal a él. Y les gustaba aún más por eso.

Sin embargo, mis amigos y yo le dábamos demasiada importancia a esas primeras relaciones. Creíamos que, si invitábamos a salir a una chica y ella decía que no, no volvería a hablar con nosotros o les diría a sus amigos que somos unos cretinos. En lugar de eso, tratábamos de tantear la situación y hacíamos preguntas confusas como qué tipo de champú usaba y si se ataba el lazo ella misma, y todo tipo de cuestiones que son las peores cosas que podrías decirle a alguien si alguna vez quieres tener una cita.

Una vez, cuando le preguntamos a mi amigo cómo se había vuelto tan atrevido a la hora de hablar con las chicas, sonrió y nos dijo: «Solo trata de no darle más peso del que toca, hombre».

No era solo un buen consejo sobre las citas. Era un buen consejo sobre la vida.

Tardé años en darme cuenta de que las citas eran solo eso, citas, y que el rechazo formaba parte de la vida y nadie debía sentirse mal por ello.

Creo que lo mismo ocurre en las ventas. La razón por la que la gente se pone nerviosa al salir con alguien es la misma por la que algunos vendedores tienen miedo de cerrar el trato. La idea de ser rechazados les pone nerviosos. Le están dando demasiado peso.

La verdad es que, si no eres un cretino y tratas a la gente con el máximo respeto y crees que puedes beneficiar las vidas de quienes te rodean, no debería haber nada de pesadez en una interacción de ventas.

Estas forman parte de la vida y nadie debería sentirse incómodo por ello. A los profesionales de las ventas nos va mejor cuando vivimos plenamente como vendedores, contando a todo el mundo lo que vendemos y los problemas que resuelven nuestros productos y pidiendo a la gente que hable a sus amigos de lo que ofrecemos.

Si queremos ser buenos vendedores, tenemos que superar el miedo al rechazo.

La parte más importante del proceso de venta es la llamada a la acción. Todos los vendedores lo saben. Pero es el profesional de las ventas que se siente muy bien con su llamada a la acción, la entiende como un servicio al mundo y no la hace pesada quien realmente consigue la venta.

Cuando hablo con un cliente potencial (o, para el caso, con un amigo, un familiar o un conductor de autobús), a menudo se me oye decir: «Tu gente necesita que les ayudes a desarrollarse porque no pueden permitirse volver a la universidad. Deberías inscribirlos en mi plataforma de aprendizaje en línea, *Business Made Simple*. Se convertirán en grandes profesionales de los negocios y se sentirán atendidos por ti».

¿Por qué doy a conocer mi producto tan a menudo? Porque me pasé años dando vueltas en la universidad y nunca aprendí lo que tenía que aprender para ser valioso dentro de una organización. Después de estudiar lo que necesitaba saber de los libros, los amigos y los fracasos, y de convertirme en un empresario de éxito, quise facilitar el proceso a los demás. Creo en mi producto. Creo que puedo resolver un problema grave en el mundo y por eso no me da vergüenza hacérselo saber a la gente.

En resumen, creo que puedo invitar a la gente a un relato que transformará sus vidas. ¿Por qué debería ser tímido al respecto?

¿Crees en el producto que vendes? ¿Crees que puedes resolver el problema de un cliente y cambiar su vida? Si no es así, déjalo. Lo digo en serio. Aléjate de la empresa y encuentra una misión en la que creas.

Podría pasarme todo el día enseñándote un proceso de ventas, pero si no crees en ti mismo o en tu producto, no funcionará.

La mayoría de los problemas que tienen los vendedores para cerrar acuerdos son psicológicos. Provienen de pensar que el rechazo es algo de peso, y por eso hacen que las conversaciones de venta sean incómodas. Sus problemas provienen de no creer en sí mismos. Provienen de no creer en sus productos.

Cuando creemos en nosotros mismos y en nuestros productos, no actuamos con miedo, sino que llamamos a los clientes a la acción con confianza.

Este es el consejo del día de *Simplifica tu negocio*

No temas el rechazo, llama a tus clientes a la acción con seguridad en ti mismo.

Un profesional valioso

* *Aumenta tu valor económico personal dominando cada competencia básica.*

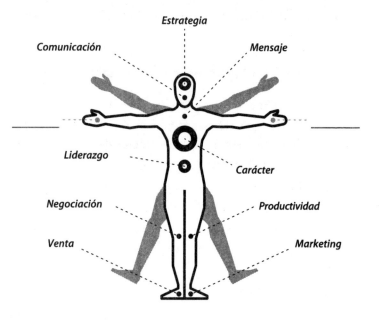

CAPÍTULO NUEVE

LA NEGOCIACIÓN SIMPLIFICADA

INTRODUCCIÓN

Después de haber establecido el carácter de un profesional competente, de haber aprendido a unir a un equipo en torno a una misión, de mejorar nuestra productividad, aclarar nuestro mensaje, comprender lo que entra en un embudo de ventas, de haberte convertido en un comunicador excepcional y de haber aprendido a vender, hagamos de ti un negociador excelente.

Todo profesional está negociando constantemente, lo sepa o no. Negocian su salario con su jefe, su horario con su asistente, un contrato con un proveedor e incluso en qué restaurante comerán ellos y sus amigos.

Cada vez que te encuentras en mitad de una comunicación estratégica para ganar un trato o resolver un problema, estás negociando.

Un buen negociador puede hacer que una empresa gane o ahorre millones cada año. Por lo tanto, cualquier miembro del equipo que entienda un marco de trabajo de negociación aumenta drásticamente su valor dentro de una organización.

Lamentablemente, la mayoría de los profesionales negocian sin darse cuenta de que lo están haciendo. Cuando se encuentran en conversaciones que implican tomar una decisión, piensan que solo están manteniendo una conversación. Y por eso, la mayoría de ellos no consiguen lo que quieren para sí mismos o para la empresa en la que trabajan.

Menos del 10 % de los profesionales en activo han recibido formación en un curso de negociación. Esto supone para el resto de nosotros una oportunidad estratégica de aumentar nuestro valor económico personal.

John Lowry, que imparte el curso de Negociación simplificada en *Business Made Simple*, dice que si no dispones de un marco estratégico de negociación, es probable que pierdas.

Tiene razón.

Al negociar, no confíes en tu instinto. Confía en un proceso probado.

En los próximos cuatro días, te presentaré cuatro de los muchos puntos que John expone en el curso de negociación que imparte para nosotros y en Pepperdine Law.

He tomado la clase de John tres veces. Cada vez que la tomo, aprendo algo nuevo. De hecho, su clase me ha enseñado varios movimientos importantes que he realizado en la negociación de contratos que me han reportado millones.

He recopilado mis cuatro puntos favoritos del curso de John porque son los que me han hecho ganar o ahorrar dinero directamente. Si entiendes estos cuatro principios, serás mejor negociador que casi cualquier otra persona que conozcas. Y un buen negociador es un miembro valioso de cualquier equipo.

DÍA CUARENTA Y SIETE
Cómo negociar – Los dos tipos de negociación

Un buen negociador entiende los dos tipos de negociaciones: las colaborativas y las competitivas.

No todo el mundo ve una negociación de la misma manera en el mismo momento. Algunos modos de negociación se desarrollan como un juego en el que unos ganan y otros pierden, mientras que otros se desarrollan como un intento de encontrar una solución en la que todo el mundo gane.

De hecho, en una negociación a largo plazo, el modo de hacer las cosas puede cambiar de ganar/ganar a ganar/perder, y si no sabes que se ha producido el cambio, seguramente sufrirás como resultado.

Un modo de negociación en el que o bien se gana o bien se pierde se denomina competitivo, mientras que un modo en el que todo el mundo gana se denomina colaborativo.

Una regla general sobre la negociación es que, si una parte es competitiva y la otra colaborativa, la técnica de negociación competitiva ganará y la colaborativa perderá. Casi siempre.

Pero esto no significa que los competitivos siempre ganen. Si dos negociadores entran en una negociación, uno de ellos seguramente perderá mientras que el otro ganará.

Cuando están en modo competitivo, los negociadores no solo necesitan estar satisfechos con el resultado, sino que necesitan que tú estés descontento. Reitero, cuando se está en modo competitivo, el negociador no sentirá que ha ganado hasta que tú hayas perdido.

Sin embargo, cuando se está en modo de negociación colaborativa, el negociador busca que ambas partes se beneficien del acuerdo. Así que esta es la regla: si estás en modo de negociación colaborativa y percibes que la persona con la que estás negociando está en modo competitivo, debes cambiar al modo competitivo inmediatamente. ¿Por qué? Porque no están buscando un beneficio para todos, y para crear un escenario en el que todos ganen necesitas que se unan a ti.

¿Y cómo se desarrolla esto? Hace poco negocié la compra de un local comercial. Mi modo por defecto es la colaboración, así que siempre busco un escenario en el que todos salgan ganando. Quedó claro que el equipo con el que estaba negociando no estaba interesado en entender lo que yo quería, sino en conseguir únicamente lo que ellos buscaban, así que rápidamente cambié mi modo al competitivo. Estuvimos con un tira y afloja hasta que el precio llegó a la cifra que yo quería. Pero en lugar de darnos la mano y decir «los dos ganamos», les hice saber que era mucho dinero y que tendría que hacer un sacrificio importante para conseguirlo. Les hice saber que me encantaría que el precio fuera más bajo y les pregunté de nuevo si podían bajar. Se negaron. Así que hice el trato.

¿Por qué era importante para mí no dejarles saber que habíamos llegado al precio que yo quería? Porque si supieran que ambos estábamos ganando, subirían el precio. Un negociador competitivo necesita que tú pierdas, así que cuando les haces saber todo lo que estás perdiendo para cerrar el trato, se dan por satisfechos.

¿Es esto engañoso? Yo no lo veo así. La verdad es que tuve que sacrificarme para hacer el trato y me hubiera encantado comprar el edificio por menos, y si querían que me molestara por el trato, ¿por qué no darles lo que querían? Al fin y al cabo, es la única manera de cerrarlo. Recuerda que, cuando te halles en modo competitivo, un negociador no se detendrá hasta que esté seguro de que has perdido.

De lo que realmente estamos hablando es de crear un falso fondo a la negociación. Cuando te encuentras en modo competitivo, el negociador competitivo seguirá bajando el precio hasta que tú no puedas ir más allá. Cuando te des cuenta de que la negociación se ha vuelto competitiva, asegúrate de hacerles saber que no vas a ser capaz de ir más allá y es entonces cuando sentirán que han ganado.

Esta es la advertencia: no seas ingenuo. Cuando te encuentras trabajando en el modo competitivo, el negociador contrario quiere que pierdas. Cuando estás en modo colaborativo, este quiere que ambas partes ganéis. Ningún modo es mejor que el otro. Ambos funcionan muy bien. Pero si estás en modo colaborativo y la otra parte es competitiva, perderás a menos que te des cuenta de lo que está pasando y reacciones a tiempo.

Debes conocer siempre el modo de negociación de la persona con la que estás lidiando y responder en consecuencia.

> ### Este es el consejo del día de *Simplifica tu negocio*
>
> Debes saber siempre si estás en una negociación competitiva o colaborativa, y negociar en consecuencia.

DÍA CUARENTA Y OCHO
Cómo negociar – Ve por debajo de la línea

Un buen negociador va por debajo de la línea.

No todas las negociaciones son racionales. Los seres humanos son complejos y a menudo entran en juego cuestiones emocionales durante una negociación. La gente está motivada por muchas cosas, no solo por el dinero.

Cuando estaba construyendo mi empresa, tuve que encontrar una manera de atraer a las personas más talentosas de cada campo, que normalmente solo querrían trabajar en una empresa más grande. Para ello, empecé a enumerar los «otros beneficios» de trabajar en nuestro equipo. La primera era que teníamos una misión significativa, y eso era atractivo para ellos. Otra razón era que, para cada puesto, podíamos ofrecer algo más valioso que el salario: una pequeña plataforma en la que podían aumentar su influencia personal, o la posibilidad de trabajar desde casa, o la posibilidad de trabajar con un equipo de personas de alto rendimiento. Una de las formas de crear un equipo tan estupendo desde el principio fue destacar las oportunidades adicionales que la gente obtendría si se unían a nosotros.

John Lowry, el profesor que imparte el curso de negociación, llama a esto ir por debajo de la línea.

Mientras negocias, pregúntate qué otros factores podrían estar en juego. ¿Quiere la vendedora que el coche vaya a parar a las manos de alguien que lo quiera y lo cuide tanto como ella? Si tú eres el comprador que va a cuidar bien del coche, asegúrate de dejarle claro que vas a continuar la tradición de la vendedora. ¿Estaría el comprador dispuesto a pagar más si supiera que se trata del mismo bote de mantequilla de cacahuete que comió Elvis justo antes de morir? Si estás hablando con un fanático loco de Elvis, ¡este sería un dato importante «por debajo de la línea» que mencionar!

En una ocasión, mientras negociaba un gran acuerdo comercial, pude crear un escenario en el que todos salían ganando al conseguir que un conocido conferenciante hablara en uno de mis eventos, algo que conseguí porque acepté ayudarle a elaborar su charla de forma que pudiera convertirse en un libro más tarde. ¿Vino el orador porque le pagué mucho? No, vino porque pude ayudarle a trabajar en su material y en su futuro manuscrito.

John Lowry tiene razón. Casi siempre hay algo que ocurre por debajo de la línea. Un buen negociador va a entender que una negociación es algo más que números; se trata de dar satisfacción a alguien al final del trato. Y eso incluye la satisfacción emocional.

¿Tienes la costumbre de buscar lo que está por debajo de la línea en tus negociaciones?

Este es el consejo del día de *Simplifica tu negocio*

Al negociar un acuerdo, averigua si hay algo por debajo de la línea que puedas ofrecer a tu contraparte como forma de hacer el acuerdo más satisfactorio y lograr llevarlo a término.

DÍA CUARENTA Y NUEVE
Cómo negociar – Haz la oferta inicial

Un buen negociador ancla la negociación con la oferta inicial.

Los estudiosos de la negociación a menudo discrepan sobre si se debe o no hacer la oferta inicial. La lógica que hay detrás de la postura de no hacer la oferta inicial es la siguiente: si esperas a que la otra parte hable primero, sabrás lo que quiere y encontrarás pistas sobre lo que necesitas para cerrar el trato.

Eso tiene sentido porque a menudo no se conoce el rango que la otra parte está considerando. Sin embargo, al dejar que la otra parte haga la oferta inicial, pierdes algo que creo que es más valioso. Pierdes la capacidad de anclar la negociación.

Anclar la negociación significa que has puesto un número sobre la mesa en torno al cual quieres que gravite el resto de la negación.

Por ejemplo, si vas a comprar un coche nuevo, el concesionario pone una cifra en el escaparate que casi siempre ancla el precio con una gran fuerza de gravedad. Si quieren 35.000 dólares por el coche y tú negocias el precio hasta 34.000 dólares, te sentirás como si hubieras conseguido un trato en el que has logrado rebajar 1.000 dólares del precio de venta. Pero ¿qué pasaría si la oferta inicial (la pegatina puesta en el coche) se fijara 5.000 dólares por encima de lo que el concesionario estaba dispuesto a aceptar? Eso significa que en realidad obtuvieron 4.000 dólares por encima del precio por el que lo habrían vendido.

Cuando eres capaz de hacer la oferta inicial estableces, a partir de ese momento, el ancla gravitatoria para el resto de la conversación. Se trata de una ventaja estratégica.

Digamos, sin embargo, que no has podido fijar la oferta inicial. En el sector inmobiliario y en el automovilístico, por ejemplo, la oferta inicial se fija antes de empezar a negociar. Si este es el caso, puedes ajustar la gravedad de la negociación un poco más a tu favor con una contraoferta. Esta no es tan fuerte como la oferta inicial, pero sigue siendo útil.

A veces, disponer de información que ajusta la gravedad de la negociación a tu favor reajusta la conversación. Un amigo que trabajaba en el sector del automóvil se sentó hace poco en un concesionario de coches de lujo para comprar un coche nuevo. Mi amigo vendía el programa informático que muchos concesionarios utilizan para hacer un seguimiento de su inventario. El vendedor dijo que el precio era de 90.000 dólares. Mi amigo sacó un informe sobre el coche en el que se indicaba que el concesionario había comprado el coche por 60.000 dólares y que, en su opinión, 70.000 dólares sería un precio justo, lo que permitiría al concesionario obtener un beneficio de 10.000 dólares. Esa información cambió la gravedad de la negociación a favor de mi amigo. Pudo comprar el coche de 90.000 dólares por 72.000 dólares.

Independientemente de si haces la oferta inicial o no, si piensas en las distintas ofertas como números que afectan a la atracción gravitacional, puedes inclinar el trato hacia una resolución con la que te sientas cómodo.

Este es el consejo del día de *Simplifica tu negocio*

Haz la oferta inicial y establece un ancla para el resto de la negociación.

DÍA CINCUENTA

Cómo negociar – No dejes que te enganchen emocionalmente

Un buen negociador diversifica sus intereses para evitar que le enganchen emocionalmente.

Como mencioné en una entrada anterior, no somos precisamente seres humanos racionales cuando se trata de negociar. Por este motivo, cuando negociamos por algo que queremos, debemos asegurarnos de no dejarnos llevar por nuestras emociones y tomar una mala decisión.

Todos hemos participado en negociaciones en las que nos hemos dado cuenta de que deseamos demasiado aquello por lo que estamos negociando. Ya sea por una casa, un coche, un nuevo miembro del equipo o incluso por una relación, cuando esto ocurre el poder de la negociación se decanta repentinamente hacia la parte contraria. Queremos eso a como dé lugar y sacrificaremos lo que sea necesario para obtenerlo.

Esta es una muy mala posición desde la cual negociar.

Pero ¿qué podemos hacer cuando la emoción se apodera de nosotros?

Una buena táctica es buscar otra alternativa y dividir nuestros intereses para no dejarnos llevar tan fácilmente.

Por ejemplo, hace años mi mujer y yo empezamos a negociar la compra de la casa de nuestro vecino. Nuestro plan era comprar su casa, derribarla y construir una nueva, y utilizar nuestra casa actual como casa de invitados. Recibimos a más de doscientos invitados cada año, por lo que necesitábamos espacio. La verdad es que el precio que pedía nuestro vecino era demasiado alto. Se basaba en propiedades comparables que se encontraban en una zona mucho más codiciada de la ciudad. Aun así, me encontré paseando por el patio trasero imaginando la casa de nuestros sueños allí mismo, donde estaba la casa de mi vecino. No pude evitar ofrecerle el dinero.

Sin embargo, recordé lo que John Lowry me enseñó en su curso. Cuando estés enganchado emocionalmente, divide tu interés y empieza a buscar alternativas.

Cuando sentimos que lo que estamos negociando es único en su género, entramos en una mentalidad de escasez y perdemos poder en la negociación.

En lugar de hacer una oferta a mi vecino, llamé a mi agente

inmobiliario y le pedí que hiciera una oferta baja por un terreno de 60.000 metros cuadrados al final de la calle. Había visto la propiedad años antes, pero estaba muy por encima de nuestro presupuesto y por eso nunca pregunté por ella.

Mi agente inmobiliario hizo una oferta a regañadientes por la otra propiedad (digo a regañadientes porque la oferta era tan baja que mi agente pensó que podría ser incluso insultante) y, para sorpresa de todos, el comprador quiso hablar. Unos meses más tarde, mi mujer y yo cerramos la compra del terreno a dos tercios del precio de venta. No podíamos creerlo.

Es curioso cómo puedes llegar a desear algo con tanta intensidad cuando crees que no hay nada mejor ahí fuera, pero en el momento en que divides tu interés, ganas poder de negociación y también te das cuenta de lo mucho que una mentalidad de escasez podría costarte.

La estrategia aquí es tener cuidado con querer algo demasiado. Querer algo sin control te engancha, y una vez que estás enganchado, es probable que empieces a tomar malas decisiones. Hay un mundo de opciones maravillosas ahí fuera. Asegúrate de saber cuáles son antes de empezar a negociar.

Este es el consejo del día de *Simplifica tu negocio*

Diversifica tu interés en una oportunidad antes de empezar a negociar para evitar quedar enganchado emocionalmente.

Un profesional valioso

* *Aumenta tu valor económico personal dominando cada competencia básica.*

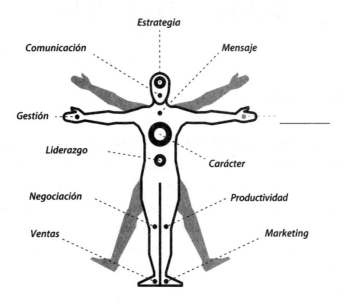

CAPÍTULO DÍEZ

GESTIÓN SIMPLIFICADA

INTRODUCCIÓN

Hasta ahora, en este libro hemos tratado ocho características de un profesional valioso: cómo unir a un equipo en torno a una misión, la productividad personal, cómo funciona realmente un negocio, los mensajes, el *marketing*, la comunicación, las ventas y la negociación. Sin duda, ahora somos un profesional mucho más valioso que cuando empezamos este libro. Pero vamos a añadir aún más valor hablando de algo que la mayoría de nosotros tenemos que hacer todos los días: gestionar personas.

La gestión consiste en ayudar a otras personas a ganar para que todo el equipo en general pueda ganar. Los directivos que no caen bien son los que no tienen una definición clara de lo que significa ganar, o bien no tienen una idea clara de las ganancias que cada miembro del equipo puede experimentar a nivel personal mientras ayudan al conjunto del equipo a triunfar.

En resumen, confiamos en los líderes profesionales por dos razones:

1. Saben lo que hacen y pueden ayudar al equipo a ganar.
2. Se preocupan por cada individuo del equipo.

Un buen gestor es capaz de analizar las habilidades y el talento de su equipo y diseñar un plan ganador en torno a dicho equipo.

En la siguiente sección del libro, voy a hablar de la creación y ejecución de un programa. La verdad es que veo la gestión y la ejecución como dos caras de la misma moneda. La gestión, sin embargo, consiste en poner a trabajar a las personas correctas en las tareas adecuadas de forma creativa. La gestión crea sistemas, y la ejecución gestiona esos sistemas.

Un buen gestor ideará un sistema o un proceso y luego dirigirá su ejecución hasta que los resultados sean excelentes.

Los gestores están en todas partes, aunque no se les llame como tal. Todo miembro del equipo al que se le da libertad para mejorar su trabajo es en realidad un gestor. Y lo es porque debe identificar lo que es importante y crear procesos que hagan que las cosas importantes se realicen mejor y más rápido.

Aunque trabajes solo en tu propia empresa, eres un gestor. Debes hacer tu trabajo de forma más inteligente, más rápida y mejor para crear un valor tangible y tener las mayores posibilidades de éxito.

Por supuesto, debes recordar siempre que cuando estás gestionando, no solamente gestionas sistemas, sino también a las personas dentro de esos sistemas.

En los próximos cinco días, te presentaré el marco de trabajo de Simplificar la gestión, que ayudará a cualquier persona, desde un gerente primerizo hasta un profesional experimentado, a mejorar sus habilidades de gestión.

El marco de Simplificar la gestión es una visión única de la gestión, que va más allá de las habilidades sociales de la gente y se adentra en el ámbito de lo que se necesita para construir un equipo de alto rendimiento.

El objetivo del marco de trabajo de gestionar en forma simple es dar a cada miembro del equipo un gerente que le guste, y a cada declaración de ganancias y pérdidas un balance que conduzca a la victoria.

DÍA CINCUENTA Y UNO

Cómo gestionar a las personas – Establece prioridades claras

Un gran gestor establece prioridades claras.

El trabajo número uno de un directivo es tener muy claras las prioridades de su división. Para ello, me aseguro de que cada gerente de cada división de mi empresa sepa qué es lo que debe producir. Ya sean contratos de ventas cerrados, clientes potenciales, piezas terminadas del plan de estudios o renovaciones de suscripciones, cada división de cada empresa existe para añadir algo al resultado final. Las prioridades de cada división deben ser un pilar para la actividad que dicha división sea responsable de hacer. Al decidir cuáles son tus prioridades, estás definiendo un enfoque para ti mismo y para cada miembro de tu equipo.

Esto parece sencillo y trivial, pero la mitad de los directivos con los que hablo no saben qué debe producir su departamento. E incluso si están seguros, cuando hablo con miembros individuales de su equipo, obtengo respuestas diferentes.

Nadie puede leer la mente de su jefe. El director debe indicarle al equipo, casi a diario, cuál debe ser su enfoque.

Otro error que cometen los directivos a la hora de definir lo que produce su división es que son poco claros. Si dirigen un equipo de atención al cliente, el directivo puede decir algo así como: «Producimos la satisfacción del cliente», que suena bien, pero es difícil de medir y aún más difícil de saber cómo se produce directamente.

«Producir sonrisas y gente feliz» es un magnífico texto de *marketing*, pero un buen gerente es más práctico.

Por ejemplo, un director de una división de atención al cliente debería aspirar a producir algo tangible, como atender el 100 % de las solicitudes de atención al cliente antes de que hayan pasado treinta minutos desde su recepción. Si se sabe que responder a las solicitudes en treinta minutos o menos aumenta considerablemente la satisfacción del cliente, el equipo sabrá cómo producir el todo mediante la suma de sus partes.

Sé que esto suena a simple semántica, pero la semántica es importante. Como gerentes, debemos definir claramente qué es lo que produce nuestra división (o empresa).

A la hora de decidir eso, es importante que lo que elijas tenga tres características:

1. Debe ser medible.
2. Debe ser rentable.
3. Debe ser escalable.

Debe ser medible

¿Sabes lo que produces y puedes medirlo?

Si diriges un restaurante, te interesa medir algo como el tiempo de cocción de la comida y lo que se tarda en llevarla a la mesa porque, si no lo haces, es probable que la comida llegue fría a las mesas, lo que provocará que los comensales estén insatisfechos.

Si estuviera entrevistando a un posible directivo y me dijera que su primer paso sería desglosar las partes del proceso que producen algo beneficioso para la cuenta de balances de la empresa, y luego decidiera empezar a medir esas partes para asegurarse de que el equipo se responsabiliza de cumplirlas, ese directivo destacará como alguien que sabe lo que está haciendo. Una vez más, la mayoría de los gerentes piensan que su trabajo consiste en gestionar a las personas y no piensan en el proceso, pero las personas prosperan cuando se les dan procesos y prioridades claros.

Debe ser rentable

Lo que produzca cada departamento debe estar directamente relacionado con el balance de la organización.

No basta con que mi departamento de eventos se limite a producirlos. Debe hacerlos rentables. Si el director de esta división piensa que su trabajo es simplemente producir eventos, puede acabar organizando cincuenta que no sean rentables y hundir la empresa.

Esto es importante porque hay muchos directivos que hacen exactamente eso. Verán su trabajo como una serie de tareas que les ha dictado su jefe y sentirán que su deber es simplemente ejecutar dichas tareas. Esto no es un gerente. Se trata de un trabajador de bajo nivel. Los directivos deben ser siempre conscientes de cómo su producción afecta a los ingresos y a los beneficios de toda la compañía.

Si un directivo trabaja para un jefe que no piensa en los ingresos y los beneficios, pero el directivo sí lo hace, ese directivo le quitará el puesto a su superior en poco tiempo.

El balance de una empresa es el resultado final. Si la empresa no es rentable, se hundirá y todos perderán su trabajo. Los directores generales y los presidentes de las empresas lo saben y sienten afinidad por los directivos que soportan la presión de esta dinámica.

Debe ser escalable

Por último, lo que sea que produzcas debe ser escalable. Esto no aplica para las empresas que no desean escalar, pero para la mayoría de nosotros es fundamental. Si un directivo crea procesos para crear un producto y esos procesos no son escalables de forma rentable, la organización se verá limitada.

¿Podría contratarse a más gente para crear más de lo que sea que estés obligado a producir? ¿Depende el proceso que has diseñado de tu personalidad o de la de otros empleados para ser producido en masa? ¿Has definido con tanta claridad los procesos que hay que llevar a cabo que otra persona podría unirse al equipo y llevar a cabo dichos procesos con el fin de aumentar la producción?

Un profesional valioso sabe cómo gestionar una división mediante la determinación de algo específico que su división produce. Los criterios para aquello que decidan producir, por tanto, deben ser medibles, rentables y escalables.

En mi opinión, saber qué producir y asegurarse de que es medible, rentable y escalable es un porcentaje importante del trabajo de un directivo.

Lamentablemente, muy pocos directivos saben que esto forma parte de su trabajo. La mayoría de los más noveles establecen reuniones semanales con sus subordinados directos y se limitan a preguntar «¿cómo vamos?». Aunque puede parecer una pregunta reflexiva, es cualquier cosa menos útil. El subordinado directo de este directivo no tiene ni idea de lo que se supone que debe producir y en qué debe centrarse, y no tiene forma de medir su rendimiento.

Un directivo que solo quiere preguntarle a la gente cómo van las cosas está más interesado en caer bien que en ser respetado y en que se confíe en él. Si bien esto puede ser bueno para la autoestima del directivo, es terrible para los miembros de su equipo y para los resultados de la organización.

Los seres humanos quieren formar parte de una gran historia, un relato sobre la construcción de algo que vale la pena. Y les gusta medir su progreso y ver, al cabo de un año, que lo que han construido es más grande de lo que era cuando empezaron.

Un directivo debe querer algo más que caer bien. Debería querer crear un equipo en el que cada miembro se sintiese valioso e importante en base a un rendimiento que es medible.

Hagamos que nos quieran y nos respeten por definir claramente lo que debe producir nuestra división y por lograr que nuestro equipo se responsabilice de realizar tareas repetibles y específicas que afecten a esa producción.

Un buen gerente se pregunta «¿cómo podemos mejorar?» basándose en las cifras que tanto él como sus subordinados directos son responsables de producir.

Definir lo que produce cada división conduce a una claridad de objetivos y expectativas. Esta, a su vez, conduce a la confianza y al respeto por el gerente que definió dichas expectativas.

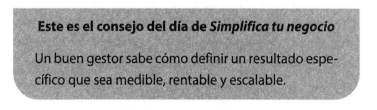

Este es el consejo del día de *Simplifica tu negocio*

Un buen gestor sabe cómo definir un resultado específico que sea medible, rentable y escalable.

DÍA CINCUENTA Y DOS

Cómo gestionar a las personas – Identifica los indicadores clave de rendimiento

Identifica los indicadores clave de rendimiento que vas a medir.

Lo segundo que hace un buen gerente es identificar y medir los indicadores clave de rendimiento.

A un buen directivo le gusta medir las cosas. Les gustan los números tanto como las personas, porque los números les indican cómo poner retos a su equipo, cómo hacerlos crecer y cuándo celebrar las distintas victorias que consigan. El equipo que trabaja para ti siempre se pregunta cómo lo están haciendo, y a menos que seas capaz de medir el progreso en torno a indicadores clave de rendimiento, no podrás decírselo.

Una vez que definamos lo que produce nuestro departamento, debemos medir los factores que conducen a la producción de ese artículo o servicio.

Al decidir qué medir, nos decimos a nosotros mismos y a los miembros de nuestros equipos qué tareas rutinarias específicas son importantes. Al final, saber de qué tareas concretas y repetibles es responsable un miembro del equipo aporta claridad, y no olvides que la claridad de un directivo genera confianza y respeto.

Una vez que definas qué es lo que produce tu departamento, querrás averiguar los indicadores principales que causan esa producción. Los indicadores de adelanto son las acciones que conducen al éxito, mientras que los indicadores de retraso son las mediciones de dicho éxito.

Por ejemplo, mil ventas en el mes de enero es un indicador de retraso. Esas ventas ya se han producido y no podemos hacer nada para aumentarlas. El mes ya ha pasado.

Sin embargo, asegurarse de que cada uno de nuestros representantes de ventas realice quince llamadas al día es un indicador de adelanto que causa el indicador de retraso. Por eso, los buenos gerentes están obsesionados tanto con los indicadores de adelanto como con los de retraso: porque los indicadores de adelanto provocan los de retraso.

Si acabara de recibir el puesto de director de ventas, mi primera prioridad sería averiguar qué es lo que provoca las ventas. Probablemente, esos indicadores serían las llamadas realizadas, que se traducirían en la obtención de clientes potenciales. También es probable que descubra que las ventas aumentan cuando activamos una campaña de correo electrónico automatizada como respuesta a una llamada de ventas primaria. Y luego suben aún más cuando enviamos una propuesta formal. Entonces, ¿qué querré medir? Los clientes potenciales, las llamadas iniciales, el lanzamiento de la campaña por correo electrónico y el envío de propuestas formales.

También puedo descubrir que, cuando se trata de nuestros acuerdos más importantes, el director general que llama para respaldar la propuesta cierra un 70 % más de negocios. Así que, con la aprobación del director general, voy a añadirlo también como un indicador de adelanto.

Un buen gerente sabe ver el proceso por sus partes y medir la producción de cada una de ellas en el montaje del conjunto.

Sin embargo, medir los indicadores positivos no es la única prioridad. Un buen gerente también lidiará con los problemas potenciales. Querrá saber cuándo es más probable que su línea de montaje se rompa y medirá las horas de actividad en varias máquinas para poner en marcha las llamadas de mantenimiento que prevean la parada.

Si no medimos los indicadores específicos que aumentan la producción, dejamos al azar el enfoque de nuestra gente y de nuestra división. Y el azar rara vez produce algo bueno.

Un buen directivo actúa como un entrenador. Explica las reglas del juego a su equipo y les da instrucciones específicas sobre cómo actuar mejor y ganar el partido.

Un gerente que se limita a animar a su equipo no es un entrenador; es un animador. Los entrenadores diseñan jugadas, dan instrucciones específicas y colaboran con su equipo para crear estrategias que conduzcan a la victoria.

Para determinar lo que se debe clasificar como indicador clave de rendimiento, hay que realizar una ingeniería inversa de los componentes de los productos que se deben fabricar.

Si el trabajo de una división específica es producir material publicitario en las redes sociales para vender productos, por ejemplo, los indicadores clave de rendimiento podrían ser:

1. Cinco publicaciones específicas y útiles en Instagram, Facebook y Twitter que destaquen los beneficios del producto.
2. Tres testimonios de clientes sobre el poder transformador del producto.
3. Dos ofertas directas al mes, incluida una bonificación que expira.

Estos componentes específicos, por supuesto, conducen a los pedidos. Si estos indicadores clave de rendimiento se cumplen semana tras semana, la cuenta de resultados de la empresa se verá afectada positivamente.

Una última nota. Cada indicador de adelanto debe compararse con un estándar. Un número estándar te ayudará a saber si has cumplido o no tu objetivo diario, semanal o mensual. Si se suponía que debíamos realizar cien llamadas de ventas esta semana, pero solo hemos completado setenta y cinco, deberíamos analizar la máquina para ver qué hay que ajustar. ¿Quizás nuestras expectativas eran demasiado altas? ¿O tal vez nuestro rendimiento ha sido demasiado bajo? Estas son las preguntas que obsesionan a un buen gerente.

La determinación de los indicadores clave de rendimiento consiste en comprender plenamente el funcionamiento de una máquina para medir su eficacia y su rendimiento.

Sin mediciones, estarás especulando. Si te limitas a adivinar, vendrá alguien que sepa realmente lo que hay que medir y te quitará el trabajo.

No dejes que eso ocurra.

Averigua qué es lo que hay que medir y obsesiónate con aumentar la cantidad y la calidad de lo que tú o tu división producís.

Algunos verán esta idea de gestión como algo parecido a convertir a los seres humanos en engranajes de una gran máquina, pero no es así. Lo que realmente hacemos es crear un juego y un marcador para que todos puedan entender las reglas y disfrutar de él.

Un buen gerente sabe cómo transformar su trabajo en un juego y además sabe cómo guiar a los miembros de su equipo hacia la victoria.

> **Este es el consejo del día de *Simplifica tu negocio***
>
> Determina qué indicadores clave de rendimiento conducen al éxito de tu producto final y, a continuación, mide esos indicadores.

DÍA CINCUENTA Y TRES
Cómo gestionar a las personas – Crea procesos racionalizados

Crea procesos que aumenten la relación actividad-producción.
Ahora que sabemos lo que debemos producir y estamos midiendo los indicadores que provocan esa producción, es el momento de aumentar la eficiencia de la máquina de cuya gestión somos responsables. La diferencia entre un profesional valioso y un miembro promedio del equipo es que el primero va a pensar de forma creativa para mejorar el rendimiento de la máquina.

Un profesional valioso puede crear la máquina, medir su rendimiento y, a continuación, ajustar el motor para obtener una eficiencia y una productividad cada vez mayores.

Pero ¿cómo hacer más eficiente la máquina que es tu departamento? Basta con plantear la pregunta: «¿*Cómo* podemos mejorar esto?».

La mayoría de los profesionales con los que trabajas son inteligentes y tienen talento, así que no mejores tus procesos por tu cuenta. Celebra varias reuniones en las que tú y tu equipo analicéis vuestros procesos y responded a la pregunta: «¿*Cómo* podemos mejorar las cosas?». Es probable que sean ellos, y no tú, quienes tengan la revelación. Además, cuando incluyas a tu equipo en el proceso, conseguirás que la nueva y mejorada forma de hacer las cosas sea aceptada con mayor facilidad.

Hacer que la máquina sea más eficiente es el sello distintivo de un gran gerente. Roy Kroc, al comprar McDonald's, dibujó sus restaurantes con tiza, y se aseguró de que cada miembro del equipo conociera tareas específicas mientras operaban en un puesto concreto con el fin de vender más hamburguesas.

Aunque la mayoría de nosotros no dirigimos restaurantes de comida rápida, todos ganaríamos más dinero si analizáramos nuestros procesos y creáramos sistemas que aumentaran la relación actividad-producción. Se pierde mucho dinero en ineficiencias, y los directivos que lo saben y pueden solucionarlo reciben más responsabilidad.

Una vez más, hacer que la máquina sea más eficiente consiste en mejorar la relación entre actividad y rendimiento. Queremos preguntarnos constantemente cómo podemos obtener un mayor rendimiento de nuestra actividad. La respuesta a esta pregunta puede implicar cambiar de lugar las herramientas del taller para que las personas y las piezas no tengan que desplazarse tan lejos.

Puede significar la eliminación de ciertas tareas o el recorte de una fuente de ingresos débil con el fin de ahorrar ancho de banda para actividades más rentables.

La pregunta de fondo es: ¿cómo **podemos producir más de lo que producimos sin perder calidad ni aumentar la actividad?**

Otra pregunta que debes hacerte para mejorar el rendimiento y la eficiencia de tu división es: ¿**cuál es el factor limitante de nuestra división y cómo podemos disminuir esa limitación?**

¿Pasas demasiado tiempo al teléfono con clientes no cualificados? ¿Hay acaso una máquina que obligue a esperar a todo el mundo? Y si es así, ¿tiene sentido comprar una segunda máquina? ¿Hay algún miembro del equipo que no esté rindiendo al nivel deseado? ¿Qué está causando la ineficacia de la máquina que está a tu cargo?

Un buen gerente se planteará estas preguntas todos los días y luego hará los cambios necesarios para aumentar la relación actividad-rendimiento.

> **Este es el consejo del día de *Simplifica tu negocio***
>
> Mejora el rendimiento y la eficiencia de tu división preguntándote qué factores limitantes os frenan.

DÍA CINCUENTA Y CUATRO

Cómo gestionar a las personas – Da un *feedback* valioso

Proporciona información valiosa con anticipación y frecuentemente.

Los procesos que creamos y mejoramos se construyen y se mantienen gracias a las críticas constructivas y a los comentarios de valor. Una vez, mientras asistía a un entrenamiento de los Seattle Seahawks con mi director de operaciones, me llamó la atención la eficacia con la que el equipo realizaba sus ejercicios. Literalmente, repasaron todas las jugadas que harían en el próximo partido en solo cuarenta y cinco minutos. Los miembros del equipo entraban y salían del campo en respuesta a unos pocos silbidos. Todo lo relacionado con el entrenamiento se había convertido en procesos memorizados y, como un reloj suizo, se ejecutaban con precisión.

Sin embargo, lo que realmente hizo que la práctica funcionara fue lo que ocurrió al final. El entrenador Carroll reunió al equipo y celebró las victorias de esa práctica. ¿Por qué? Porque nunca convertirás a un ser humano en una máquina. No puedes privarlos de conexiones humanas y de afirmación positivas.

Las personas son infinitamente más complejas y milagrosas que las máquinas. Estas últimas no pueden apreciar la belleza, el valor o el significado de un mundo lleno de matices. Las máquinas no pueden empatizar contigo ni preocuparse por tu bienestar de una forma emocionalmente relevante o reconfortante.

Un buen directivo sabe, por lo tanto, que su gente es su activo más valioso, y mientras trabaja para crear una máquina cada vez mejor, trata con mucho cuidado a las personas que construyen esa máquina.

El cuidado adecuado de las personas, en un entorno profesional, implica hacerles saber qué tal lo están haciendo como miembros del equipo. Y esto implica elogios y comentarios constructivos.

Cuando elogies a un miembro del equipo, debes especificar lo que ha hecho para merecer ese elogio. Cuando decimos «buen trabajo», no debemos dar por sentado que el miembro del equipo sabe qué aspecto del trabajo debe repetir. Comentarios como «Qué manera de mantener la calma bajo presión» o «Buen trabajo dedicándole tiempo extra para hacerlo bien» son más específicos.

Elogiar a los miembros de nuestro equipo es fácil. Lamentablemente, los elogios son solo la mitad del trabajo de gestión de personas. La otra mitad es ofrecer un *feedback* constructivo.

Muchos directivos noveles temen dar críticas constructivas. No les importa elogiar a los miembros de su equipo, pero las conversaciones que implican críticas les resultan pesadas. Por ello, la postura que adoptan ante cada miembro del equipo, desde la perspectiva de este, es algo así:

«Gran trabajo, gran trabajo, gran trabajo, de acuerdo, ahora estás despedido».

Como gerente, debes asegurarte de que estás dando críticas constructivas a los miembros del equipo con cuidado, de tal manera que puedan aceptar ese *feedback*, metabolizar lo que han aprendido y evolucionar como profesionales valiosos.

La clave para dar una buena crítica es dejarle claro al miembro del equipo que siempre, siempre, **estás de su parte,** aunque estés siendo estricto con él o ella. Si percibe que está siendo totalmente juzgado no será receptivo al comentario. Todos hemos visto a entrenadores de baloncesto y de fútbol enfadarse con sus jugadores y criticarlos directamente, a veces en la televisión nacional. Y, sin embargo, la mayoría de los jugadores siguen adorando al entrenador que corrigió su comportamiento tan apasionadamente. ¿Por qué? Es por lo que no hemos visto, por el hecho de que ese entrenador ha dejado muy claro que está **de su parte** y que quiere que el jugador gane tanto en el deporte como en la vida.

Cualquier persona aceptará de buen grado (y tendrá ganas de recibir) las críticas de un directivo que, sin duda, está de su parte.

A la hora de dar una opinión crítica, hay que seguir algunas reglas generales:

1. Da el *feedback* pronto.
2. Pídele al miembro del equipo que explore lo que ha ocurrido contigo.
3. «Reescribe» el escenario en la mente del miembro del equipo utilizando un enfoque diferente (y explora mejores enfoques con él) para que sepa cómo hacerlo bien la próxima vez.
4. Recuérdale al miembro del equipo que estás de su parte y que quieres que él y el resto del grupo tengan éxito.

No basta con hacer saber a un miembro del equipo que ha fracasado. Tiene que saber que ha fallado y luego recibir instrucciones específicas que le permitan tener éxito en el futuro.

Como directivos, si solo queremos utilizar a las personas, las alabaremos por sus éxitos y nos desharemos de ellas si fracasan con demasiada frecuencia. Pero si estamos de su parte, las elogiamos por sus éxitos y les enseñamos herramientas prácticas que les ayudarán a tener éxito una y otra vez. ¿Cómo? Ofreciendo elogios y *feedback* constructivo.

> **Este es el consejo del día de *Simplifica tu negocio***
>
> Ofrece elogios y comentarios constructivos a cada miembro de tu equipo.

DÍA CINCUENTA Y CINCO
Cómo dirigir a las personas – Sé más que un animador, sé un entrenador

Un buen gerente es un entrenador, no solo un animador.

Un entrenador y un animador tienen algo en común.

Ambos quieren que el equipo gane.

Y eso es todo lo que tienen en común.

Lamentablemente, cuando la mayoría de los líderes empresariales contratan a un *coach* de negocios, no obtienen un entrenador, sino a un animador.

Los entrenadores transfieren sus conocimientos empresariales a los miembros de su equipo y, por lo tanto, estos conocimientos se duplican dentro de una organización en crecimiento. Incluso si los compañeros del entrenador no quieren convertirse en directivos, su comprensión de cómo y por qué su superior hace las cosas de la manera en que las hace crea en ellos un sentido de comprensión y de control. Los animadores se limitan a animar a los equipos, mientras que los entrenadores les enseñan los procesos que conducen a la victoria.

No hay nada malo en un animador, por supuesto, pero uno no es suficiente para llevar a un equipo (o a un individuo) al éxito.

La diferencia entre un animador y un entrenador es que el primero simplemente te anima, mientras que el segundo te da instrucciones y objetivos específicos que te ayudan a tener éxito, y luego te ayuda a aprender y a emplear esos marcos de trabajo en tus siguientes proyectos.

Los profesionales que tienen la suerte de contar con un buen *coach* empresarial están destinados al éxito.

Asegurémonos de que los miembros de nuestro equipo tienen un entrenador. Un buen director sabe cómo entrenar a un equipo.

Estas son las cinco características de un buen *coach* empresarial:

1. Quiere que cada miembro del equipo tenga éxito en su trabajo y en su carrera.
2. Tiene una evaluación honesta y objetiva de las habilidades y la motivación de cada miembro del equipo.
3. Enseña marcos de trabajo y habilidades prácticas a los miembros de su equipo en lugar de esperar que sepan cosas que nunca les han enseñado.
4. Ofrece un *feedback* rutinario, seguro y constructivo para que los miembros del equipo puedan mejorar.
5. Elogia el éxito individual de un compañero y afianza la transformación de su identidad.

Imagina que te esfuerzas por entrar en el equipo de baloncesto del instituto. El primer día, el entrenador alinea al equipo y explica que la clave para tener éxito durante la temporada es sencilla: como equipo, debéis anotar más puntos que el otro equipo. A continuación, el entrenador explica que, si no anotáis más puntos que vuestros adversarios, tendréis que rendir cuentas. Pero no hace falta preocuparse, porque si lo hacéis, seréis elogiados y recompensados.

Y eso es todo.

Este equipo está obviamente destinado a la ruina. ¿Por qué? Porque el equipo no tiene un entrenador, tiene un animador.

Un entrenador explica al grupo cómo funciona el juego, evalúa los talentos específicos de cada miembro del equipo y los coloca en la posición correcta, ayuda con el desarrollo de cada miembro enseñándoles comportamientos prácticos y repetibles que mejorarán su juego, y luego los guía hacia la transformación personal para que puedan convertirse en los mejores jugadores de baloncesto que puedan llegar a ser.

En el mundo de la empresa, pocos profesionales conocen siquiera los marcos de trabajo empresariales más eficaces, y muchos menos se los enseñan a los demás miembros de su equipo. La mayoría de las empresas no tienen gerentes (y mucho menos entrenadores); tienen animadores. Esto tiene que cambiar.

Como directivo, enseña a los miembros de tu equipo las estructuras que has aprendido en este libro. Ayúdales a entender cómo funciona la maquinaria de una empresa y hazles saber qué habilidades valiosas tienen ya y cuáles necesitan mejorar.

Si bien es cierto que a los miembros del equipo les gustan los animadores, los entrenadores no solo **gustan**, también son **respetados**. Un buen director es un buen entrenador.

Este es el consejo del día de *Simplifica tu negocio*

Entrena a cada uno de los miembros de tu equipo enseñándoles marcos de trabajo que pueden utilizar para tener éxito.

Un profesional valioso

* *Aumenta tu valor económico personal dominando cada competencia básica.*

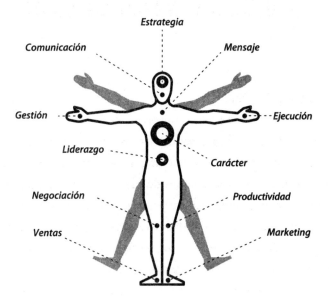

CAPÍTULO ONCE

LA EJECUCIÓN SIMPLIFICADA

INTRODUCCIÓN

Después de llegar tan lejos, hemos aprendido sobre el carácter de un profesional competente, hemos creado nuestra declaración de misión y de principios rectores, aumentado nuestra productividad personal, nos hemos dado cuenta de cómo funciona realmente una empresa, hemos aclarado nuestro mensaje, aprendido a hacer una buena presentación, comprendido cómo funciona un embudo de ventas de *marketing*, hemos aprendido sobre un marco de trabajo que nos ayuda a vender, a ser un mejor negociador, y también un marco de trabajo que nos permite llegar a ser un gerente respetado. Ahora, aprendamos a dirigir un sistema de ejecución que garantice el entusiasmo y la productividad de nuestros equipos.

No hay una sola característica que valore más en un miembro del equipo que su capacidad de ejecución.

Podemos sentarnos a hablar de ideas todo el día, pero lo único que hace avanzar a una empresa son aquellas que se convierten en productos que puedan ser vendidos a los clientes.

Ahora que sabemos cómo gestionar a las personas mediante la creación de buenos procesos, ¿cómo nos aseguramos de ejecutar dichos procesos?

Sin un sistema de ejecución, los miembros del equipo trabajan en mitad de la niebla.

Un profesional valioso que pueda inculcar y gestionar un sistema de ejecución disipa la niebla y trae la luz.

El miembro del equipo mejor pagado de mi plantilla gestiona el sistema de ejecución. ¿Por qué? Porque se asegura de que todos los demás miembros funcionen al más alto nivel.

Una empresa no gana dinero hasta que el producto está en la tienda, el personal de ventas está equipado con los recursos que necesita y la campaña de *marketing* se ejecuta. Cada gramo de energía que gasta un grupo de personas se desperdicia a menos que el trabajo se complete y el producto devuelva ingresos y beneficios. Cada año se desperdicia una enorme cantidad de energía por falta de un buen sistema de ejecución.

Si la gestión simplificada es el diseño de un proceso que crea la salida rentable de productos y servicios, la ejecución simplificada es la forma de gestionar los intercambios repetibles (y relacionales) que intervienen en esos procesos.

Los pasos del marco de trabajo de Simplifica la ejecución son:

1. Lleva a cabo una reunión de lanzamiento para poner en marcha un proyecto o iniciativa.
2. Haz que cada miembro del equipo rellene una «hoja de cálculo».
3. Realiza «controles de velocidad» semanales.
4. Lleva la cuenta y mide tu éxito.
5. Celebra las victorias de tu equipo.

Un maestro de los negocios sabe cómo conducir un proceso hasta su finalización. Llevar a cabo el proceso de ejecución simplificada te transformará en el miembro del equipo que toda organización necesita: alguien que puede realizar las cosas.

DÍA CINCUENTA Y SEIS
Cómo ejecutar – Lleva a cabo una reunión de lanzamiento

Organiza una reunión de lanzamiento para poner en marcha el proyecto o la iniciativa.

Te han confiado un proyecto. Por fin. Llevas años esperando que te den este nivel de responsabilidad y sabes que, si haces bien el trabajo, destacarás en la organización. Esto podría significar un aumento de sueldo, un ascenso o incluso ser nombrado jefe de un departamento. ¿Y qué haces ahora?

Si eres como la mayoría de la gente, harás una lista de tareas gigantesca que lo abarque todo, y aunque puede que pidas ayuda a otros en algunos de los objetivos críticos, cargarás con la mayor parte del peso tú mismo para asegurarte de que todo se hace bien.

A medida que pasan las semanas y los meses, dejas de tener claro qué quería realmente el jefe y entonces te encuentras con una pequeña crisis en tu departamento. La gestión de la crisis tiene prioridad sobre el nuevo proyecto que te han pedido que pongas en marcha, así que lo dejas de lado por un momento hasta que puedas volver a él.

Al cabo de un año, el proyecto, que antes era tan importante, surge en una reunión y tú explicas tímidamente que parece que han surgido otras prioridades imprevistas.

El jefe se siente decepcionado y te califica mentalmente de directivo mediocre en el mejor de los casos.

Lamentablemente, el jefe tiene razón. En el nivel más alto de cualquier organización se sientan personas que pueden o no ser creativas, inteligentes, entusiastas o incluso trabajadoras. Pero todos y cada uno de ellos sabe cómo terminar lo que empiezan.

Entonces, ¿cómo hacemos eso?

La mejor forma de terminar lo que nos proponemos es dividir el proyecto en partes y luego gestionar la realización de dichas partes mediante un sistema de ejecución.

Cuando llegue un proyecto importante, no confíes en tu instinto o en tu intuición a la hora de decidir cómo realizar las tareas. En lugar de ello, sigue una lista de comprobación cuidadosa junto con unos cuantos procesos rutinarios para garantizar que el proyecto se realice y se haga a tiempo.

Lo primero que debes hacer en tu reunión de lanzamiento es rellenar una hoja de trabajo sobre el «alcance del proyecto». La hallarás de forma gratuita en ExecutionMadeSimple.com. Las cuatro preguntas sobre el alcance del proyecto que encontrarás en esta hoja te guiarán para:

1. **Establecer una visión clara del éxito.** Define exactamente lo que hay que hacer con un lenguaje muy claro. Asegúrate de que el éxito es medible, para saber exactamente cuándo lo has conseguido.

2. **Asignar a los líderes.** Asegúrate de que cada aspecto del proyecto tiene un líder claramente asignado. Alguien debe ser el responsable directo si un componente del proyecto no se lleva a cabo.

3. **Identificar los recursos necesarios.** Enumera todos los recursos que tú y tu equipo necesitaréis para llevar a cabo este proyecto. Asigna a las personas que se encargarán de reunir esos recursos.

4. **Crear un calendario con los principales hitos.** Expón en un lugar público un cronograma de cuándo se cumplirán los principales hitos.

Si incluyes a un equipo en tu sesión de estrategia de ejecución, responde a las cuatro preguntas y crea las garantías necesarias en una sola reunión.

Al final de esta, asegúrate de anunciar que el lanzamiento de este proyecto es oficial. Esto le servirá a tu equipo para tener un recuerdo psicológico del momento exacto en el que el proyecto se hizo realidad. No se trata de una idea, un pensamiento, un deseo o un sueño. Se trata de un proyecto que se ha lanzado con la expectativa de que se llevará a cabo hasta su finalización.

La clave aquí es mantener a raya la niebla de las prioridades difusas. Cada persona debe saber de qué parte del proyecto es directamente responsable, cuándo debe hacerse y por qué es importante.

La claridad es un requisito previo al compromiso. Si no se tiene claro qué hay que hacer, quién debe hacerlo y para cuándo, el proyecto fracasará.

Este es el consejo del día de *Simplifica tu negocio*

Cuando organices una reunión de lanzamiento, rellena una hoja de trabajo sobre el alcance del proyecto que te ayudará a establecer una visión clara del éxito, asignar a los líderes, identificar los recursos necesarios y crear un calendario con hitos clave.

DÍA CINCUENTA Y SIETE
Cómo ejecutar – Inculca el *One-Pager*

Haz que cada miembro del equipo rellene una hoja de cálculo.

Tras el lanzamiento del proyecto, cada miembro de tu equipo debe tener muy claras dos cosas: las prioridades de su departamento y sus prioridades personales.

No importa el éxito de la reunión inicial, la niebla de las prioridades confusas llegará para ti y tu equipo tarde o temprano, y su único objetivo es impedir que hagas el trabajo.

El segundo paso en el marco de trabajo de la ejecución simplificada es asignar un resumen ejecutivo o *one-pager* (una página) a cada miembro del equipo (véase la figura 11.1). Te recuerdo que puedes descargar una plantilla gratuita de un *one-pager* en ExecutionMadeSimple.com.

Es una buena idea hacer que cada miembro del equipo rellene el documento durante la reunión de lanzamiento. No te preocupes por hacerlo bien a la primera. El resumen ejecutivo es un documento que evoluciona.

A medida que el proyecto evoluciona y se completan más y más tareas, las prioridades cambian.

En mi empresa, hemos impreso y plastificado grandes *one-pagers* para colgarlos cerca de todos los escritorios. ¿Por qué? Porque la gente se olvida de cuáles son sus prioridades todo el tiempo. Al cerebro le cuesta recordar lo que es importante en medio del torbellino de teléfonos que suenan y fechas de entrega que se aproximan.

```
NOMBRE



LAS 5 PRINCIPALES PRIORIDADES DE MI DEPARTAMENTO
1. _____
2. _____
3. _____
4. _____
5. _____


MIS PRIORIDADES PERSONALES
1. _____
2. _____
3. _____
4. _____
5. _____


MI PLAN DE DESARROLLO
1. _____
2. _____
3. _____
```

FIGURA 11.1

Cada resumen ejecutivo es intencionadamente sencillo. Tú y tus compañeros os limitaréis a revisar la «visión clara del éxito» determinada durante la reunión de lanzamiento, y a continuación enumeraréis las cinco principales prioridades de cada departamento y las cinco prioridades personales clave de cada individuo.

Colgar la hoja de cálculo de cada miembro del grupo en un lugar público permite a los equipos analizar constantemente las prioridades de los demás para invitar el *feedback* y reforzar la rendición de cuentas de todos.

Si quieres, puedes utilizar un gestor digital, pero en mi empresa preferimos el papel. Me gusta que la agenda esté siempre visible para que sepamos en todo momento en qué debemos centrarnos con solo un vistazo, independientemente de lo que ocurra en nuestro teléfono u ordenador.

Si quieres, plastifica los folios y cuélgalos cerca de cada mesa para que el documento de cada miembro del equipo sea visible.

Una vez que se hayan completado los *one-pagers*, todo el mundo sabrá y será responsable de realizar tareas muy específicas.

> **Este es el consejo del día de *Simplifica tu negocio***
>
> Pide a cada miembro del equipo que rellene un resumen ejecutivo con sus prioridades personales y las del departamento.

DÍA CINCUENTA Y OCHO
Cómo ejecutar – Lleva a cabo controles de velocidad semanales

Realiza controles de velocidad semanales.

Muchos proyectos mueren directamente después de su lanzamiento. Esto sucede por dos razones:

1. La gente se distrae con otras tareas y obligaciones importantes.
2. La gente olvida los detalles y la importancia del nuevo proyecto.

Para conseguir alcanzar la «visión clara del éxito» que se describió en el lanzamiento del proyecto, habrá que crear rutinas y hábitos, todos ellos diseñados para terminar el trabajo.

Estas rutinas solo se desarrollan cuando las acciones se realizan repetidamente.

Para convertir las acciones en hábitos, todos los miembros pertinentes de un equipo deberían revisar sus acciones y prioridades en una reunión semanal llamada «control de velocidad». La reunión se denomina así porque está diseñada para cerciorarse de que la rapidez y la concentración se mantienen para que el proyecto no pierda el impulso.

Piensa en un control de velocidad como algo parecido a cuando los jugadores se apiñan en un partido de fútbol. No es una sesión de estrategia. Es una reunión rápida para asegurarse de que todos los miembros del equipo conocen la jugada y su papel específico en ella.

Lleva a cabo el control de velocidad a una hora fija cada semana y no te lo saltes. Es mejor hacer la reunión de pie para que no se alargue.

Asegúrate de que todos los participantes lleven consigo su *one-pager* durante la reunión para que puedan hacer los ajustes necesarios.

Cerciórate de que todos los miembros del equipo hayan preparado respuestas escritas a las preguntas rutinarias que se plantean cada semana.

Si vienen preparados con declaraciones escritas, se garantiza que la reunión sea breve y que las acciones necesarias queden registradas.

La estructura de un control de velocidad debe abarcar tres declaraciones de revisión y tres preguntas:

Tres declaraciones de revisión

1. Leer la declaración de «visión clara del éxito» para el proyecto dado.
2. Revisar las prioridades del departamento del miembro del equipo en cuestión.
3. Revisar las prioridades personales del miembro del equipo.

Tres preguntas

1. Responder a la pregunta «¿Qué ha hecho cada miembro del equipo?»
2. Responder a la pregunta «¿Qué va a hacer cada miembro del equipo a continuación?»
3. Responder a la pregunta «¿Qué impide que algún miembro del equipo progrese?»

Esa tercera pregunta es una invitación para que cualquier compañero pida ayuda. Uno de los trabajos de un líder es eliminar los obstáculos que impiden progresar a sus subordinados.

Un miembro del equipo debería salir de una reunión sintiéndose inspirado y dirigido. Un directivo debería salir de un control de velocidad con una breve lista de cosas que hacer que eliminen los obstáculos de los miembros individuales del equipo.

El control de velocidad no debería durar más de veinte minutos, razón por la cual es mejor hacer la sesión de pie. Sentarse y ponerse al día alargará esta reunión y probablemente hará que se avance menos, no más, hacia la visión clara del éxito.

Es fundamental no faltar a las reuniones ni saltárselas. Hacer esto último garantiza casi con total seguridad que no se logre una visión clara del éxito. Si no puedes asistir a un control de velocidad en persona, realízalo por teléfono o a distancia a través de software de conferencias virtuales.

Si un proyecto es crítico o se lleva a cabo durante una crisis, considera la posibilidad de realizar controles de velocidad todos los días en lugar de una vez a la semana. Aunque las prioridades y las tareas parezcan ser «siempre las mismas» porque te reúnes muy a menudo, no importa. La relación actividad-rendimiento seguirá aumentando de forma espectacular porque estás disipando la niebla de las prioridades difusas.

Si no organizas reuniones de control de velocidad, tu plan de ejecución no funcionará y tu proyecto o iniciativa probablemente morirá.

Hay que mantener el impulso, y los controles de velocidad rutinarios son la forma de hacerlo.

Este es el consejo del día de _Simplifica tu negocio_

Realiza controles de velocidad semanales con cada miembro de tu equipo para mantener el impulso y la rendición de cuentas.

DÍA CINCUENTA Y NUEVE
Cómo ejecutar – Lleva la cuenta

Lleva la cuenta y mide así tu éxito.

La gente necesita poder medir sus progresos para estar sana y feliz. Esperar que la gente sobresalga sin darles una forma de medir cuánto han avanzado les volverá locos y afectará negativamente a la moral.

No hay nada mejor que puedas hacer para elevar la moral y energizar a un equipo que asegurarte de que todos los miembros del equipo entiendan las reglas del juego, sientan que están siendo entrenados para la victoria, y tengan la prueba de su progreso en un marcador público.

El cuarto aspecto del marco de trabajo de ejecución simplificada, por lo tanto, es crear un marcador público.

¿Cuántas llamadas de ventas se esperaba que hiciera cada persona del equipo de ventas esta semana y qué tal les ha ido? ¿Cuántas horas debían dedicar los miembros del equipo de contenidos a escribir nuevos contenidos? ¿Cuántas preguntas de atención al cliente pudieron responder los representantes del servicio de atención al cliente?

Para crear un marcador, siéntate con cada miembro del equipo y analiza las prioridades de su departamento. Desglósalas en tareas repetibles que, si se llevan a cabo, garantizarán el cumplimiento de esas prioridades. A continuación, mide esas tareas repetibles en un marcador.

Si tus desarrolladores tachan secciones de código de una lista de necesidades, ¿cuántas secciones de código podría tachar normalmente en una semana el codificador con el que estás hablando?

Trabaja con los miembros de tu equipo para crear el marcador del departamento.

Preguntas como «¿Cómo te gustaría que se midiera tu progreso hacia nuestros objetivos?» son importantes para que cada visión tenga un sentido de responsabilidad sobre el proyecto en general. Los trabajadores deben sentirse cómodos e incluso entusiasmados con la forma en que se les va a medir.

Tendrás la tentación de contar los indicadores de retraso, pero no lo hagas. De nuevo, estos indicadores son medidas como las ventas totales, los nuevos clientes potenciales, los productos enviados, etc. Una vez que las ventas totales están hechas, no hay nada que puedas hacer para aumentarlas. Es demasiado tarde.

En su lugar, cuenta los indicadores de adelanto. Una vez más, estos indicadores son acciones que los miembros de tu equipo pueden realizar para afectar a los indicadores de retraso. Si tu indicador de retraso es el total de ventas, uno de adelanto podría ser las llamadas de ventas que provocan el total de ventas. Así que es mejor que cuentes las llamadas de ventas en tu marcador en lugar de las ventas totales.

Está bien medir más de un indicador de adelanto en la hoja de control de velocidad de los miembros de tu equipo, pero ten cuidado de no medir más de tres elementos. Si lo haces, las personas tendrán dificultades para saber cuáles de sus tareas repetitivas son realmente importantes. Las tareas más relevantes afectan directamente a los objetivos generales de la división en la que trabajan.

Asegúrate de incluir una breve revisión del marcador en tu control de velocidad semanal (véase la figura 11.2). Esto no debería llevar más de unos segundos. Después de evaluar la puntuación, pregunta si hay algo que la división pueda hacer de forma diferente para mejorar la puntuación.

MARCADOR

| Llamadas | 400 |
| Comida de negocios | 6 |

FIGURA 11.2

Si no haces saber a la gente qué tal lo están haciendo, la moral se va a resentir. A nadie le gusta correr rodeado de niebla.

Quieren saber adónde y a qué velocidad van basándose en puntos de demarcación visibles.

Es importante repetir que, cuando se le da a la gente marcadores para medir su progreso, se está haciendo algo más que aumentar su productividad: se está aumentando su bienestar general.

Este es el consejo del día de *Simplifica tu negocio*

Crea un marcador personalizado para cada división, de modo que todos los miembros del equipo sepan cómo están avanzando.

DÍA SESENTA
Cómo ejecutar – Celebra las victorias de tu equipo

Celebra las victorias de tu equipo.

Para liderar un sistema de ejecución, es importante que celebremos las victorias de nuestro equipo y afirmemos su transformación en profesionales valiosos.

Crear una rutina de celebración de las victorias es primordial para el éxito de un equipo.

Lamentablemente, muchos líderes competitivos no reparan en las victorias.

Tiene sentido. Como estamos tan enganchados a ganar, cuando por fin logramos nuestro objetivo no perdemos tiempo en celebrarlo y simplemente pasamos al siguiente reto.

Pero la mayoría de las personas no están tan motivadas. Necesitan que se les reconozca sus esfuerzos. Y necesitan que alguien con autoridad les diga que el triunfo ha sido realmente un triunfo.

Hay una escena al final de la mayoría de las películas llamada «la afirmación de la transformación». En esta escena intervienen dos personajes principales, el guía y el héroe. Después de que el héroe haya superado todos los retos hasta cumplir con su objetivo, el guía interviene, mira al héroe a los ojos y le dice: «Has cambiado. Ahora eres diferente. Eres más fuerte, más competente, más capaz. Enhorabuena. Lo has conseguido».

Yoda y Obi-Wan vuelven para dar su aprobación a Luke. Lionel, el profesor de teatro en *El discurso del rey*, le dice al rey Jorge que es un gran rey. El Sr. Miagi le afirma a Daniel que es realmente un campeón en *The Karate Kid*.

Celebrar la victoria de un individuo es la forma de hacerle

saber que ha cambiado, que se ha vuelto más competente y capaz. Festejar las victorias es una rutina crítica y necesaria si queremos desarrollar a nuestra gente.

Para celebrar las victorias, necesitarás:

1. Préstarles atención.
2. Conmemorarlos.
3. Dar reconocimiento a los responsables.

Debemos empezar a prestar atención a las victorias. Para ello, utilizamos nuestros marcadores. Cuando superamos una medida en nuestro marcador, lo celebramos.

En segundo lugar, tenemos que conmemorar estas victorias. La celebración debe ser relativa al éxito, por supuesto. Si un miembro del equipo alcanza su objetivo semanal, es importante chocar los cinco. Y si se alcanza un objetivo mensual importante de la empresa, se puede celebrar una comida en la oficina, con una tarta, una hora feliz o algo por el estilo.

Sin embargo, como líder, asegúrate de conmemorar la celebración con palabras. Los miembros de nuestro equipo no te pueden leer la mente. Es importante ponerse de pie durante la comida y hacer saber a todos lo que estáis celebrando; de lo contrario, el festejo no elevará la moral ni contribuirá a que los miembros del equipo transformen la forma en que se ven a sí mismos.

En tercer lugar, necesitas reconocer específicamente a los responsables directos de la victoria. Esta es tu oportunidad de mirar a los héroes a los ojos y afirmar su transformación. Son más fuertes que antes, más competentes y más capaces. Hazles saber que han cambiado y que son aún más valiosos para el equipo.

Ten cuidado de no celebrar las no victorias. Puede ser tentador celebrar el hecho de haberse acercado a un objetivo difícil, pero al hacerlo las verdaderas celebraciones pierden su poder. Sentirte decepcionado por no haber alcanzado un objetivo es una parte importante de la vida. Los que agradan a la gente querrán apresurarse y ofrecer apoyo y celebración por las casi victorias, pero ese apoyo no es útil para el desarrollo de un equipo.

Sentir la diferencia entre una victoria y una derrota hace que la primera se sienta mucho mejor. Guarda las celebraciones para los verdaderos triunfos.

Si se celebran las victorias y se aprende de los resultados decepcionantes, el equipo evolucionará y mejorará constantemente. A todos nos gusta jugar y a todos nos gusta ganar en los juegos en los que participamos. Llevar un marcador y celebrar los éxitos hace que el trabajo sea divertido, productivo y transformador.

Este es el consejo del día de *Simplifica tu negocio*

Celebra los triunfos, señalándolos, conmemorándolos y dándole reconocimiento a los responsables. Haz eso y aumentarás la moral e impulsarás el rendimiento.

FELICITACIONES

Cuando compraste (o te regalaron) este libro, probablemente pensaste que iba a ser una simple reflexión diaria, pero era mucho más que eso. Era una educación empresarial como pocas personas reciben. Si has terminado el libro, has aprendido lo más básico que necesitas para convertirte en un profesional valioso y también has aprendido sesenta estrategias de negocios que difícilmente enseñan en la universidad. Si quieres convertirte en un profesional aún más valioso, vuelve a empezar el proceso y hazlo todo de nuevo. Cuanto más afirmes lo que has aprendido, más valor económico tendrás en el mercado abierto, te lo prometo.

El hecho de que tantas personas paguen 50.000 dólares al año para ir a la universidad, salgan de ella con una deuda enorme, no puedan comprar su primera vivienda hasta los treinta años (lo que les cuesta una década de patrimonio y de acumulación de riqueza), y que solo unas décadas después ya empiecen a estar agobiados por las facturas médicas y más deudas es simplemente trágico. Nuestros estudiantes se merecen algo mejor. Una educación no debería costarles su éxito económico o su libertad. Creo que, si logras dominar lo que hay en este libro, tu valor aumentará inmensamente. No deberías tener que endeudarte para convertirte en lo que el mercado necesita que seas.

Enhorabuena por haberte convertido en un profesional valioso. Eres lo que el mercado ha estado esperando durante mucho tiempo. Ahora vamos a poner estos conocimientos en práctica para resolver los problemas del mundo.

Para profundizar en los cursos de *Business Made Simple*, accede a los cursos online en BusinessMadeSimple.com.

AGRADECIMIENTOS

Sin el brillante equipo de *Business Made Simple*, este libro no habría sido posible. Se levantan todas las mañanas siendo conscientes de que la formación que creamos ayuda a decenas de miles de empresas a hacer más cosas, a aumentar sus ingresos y a ofrecer mejores puestos de trabajo a un mayor número de personas. Y a una fracción del precio que cuesta la universidad. Gracias por estar motivados para alterar el sistema universitario de Estados Unidos, así como el aprendizaje y el desarrollo de las empresas. Y por creer que todo el mundo merece una educación empresarial que cambie su vida.

En concreto, quiero dar las gracias a Koula Callahan, al Dr. J. J. Peterson y a Doug Keim, mis colegas del equipo de contenidos, que han aportado mucho a este libro.

Siempre he disfrutado de mi relación con los editores y redactores de HarperCollins Leadership. Un agradecimiento especial a Sara Kendrick, que editó cuidadosamente este libro junto con Jeff Farr, y al equipo que trabajó en la edición, la composición tipográfica y la maquetación de esta historia en un libro. Me gustaría agradecer a Sicilia Axton y al equipo de marketing de HCL su apoyo.

Por último, gracias por preocuparte lo suficiente por tu propio desarrollo o el de todo tu equipo como para comprar este libro. Creemos que el simple conocimiento que se necesita para hacer crecer un negocio no debería existir detrás de un muro de pago que exige decenas de miles de dólares. Las decenas de miles de empresas de éxito que existen en todo el mundo son la mayor herramienta que tenemos para combatir la pobreza. Sin ellas, el mundo sufriría. Brindo por el éxito de tu negocio.

SOBRE EL AUTOR

Donald Miller ha ayudado a más de cincuenta mil negocios a aclarar sus mensajes de *marketing* para que sus compañías crezcan. Es el director general de Business Made Simple, el presentador del podcast *Business Made Simple* y el autor de varios libros, entre ellos los superventas *Cómo construir una Story-Brand* y *Marketing Simple*, también publicados por Empresa Activa

@DonaldMiller en Instagram y Twitter

DEL MISMO AUTOR